影响中国人的十大汉字

国学金故事

冯梦月　丁卉◎主编

台海出版社

图书在版编目(CIP)数据

义·影响中国人的十大汉字 / 冯梦月，丁卉编著.
--北京：台海出版社，2012.9
(国学金故事)
ISBN 978-7-5168-0022-5

Ⅰ.①义… Ⅱ.①冯… ②丁… Ⅲ.①品德教育-中国
-通俗读物 Ⅳ.①D648-49

中国版本图书馆CIP数据核字(2012)第211218号

义·影响中国人的十大汉字

编　著：冯梦月　丁　卉

责任编辑：王　品
装帧设计：天下书装　　版式设计：方国荣
责任校对：董宁文　　责任印制：蔡　旭

出版发行：台海出版社
地　址：北京市景山东街20号，　邮政编码：100009
电　话：010-64041652(发行，邮购)
传　真：010-84045799(总编室)
网　址：www.taimeng.org.cn/thcbs/default.htm
E-mail：thcbs@126.com

经　销：全国各地新华书店
印　刷：北京高岭印刷有限公司
本书如有破损、缺页、装订错误，请与本社联系调换

开　本：710×1000　1/16
字　数：55千字　　印　张：8.5
版　次：2012年11月第1版　　印　次：2012年11月第1次印刷
书　号：ISBN 978-7-5168-0022-5

定　价：20.00元

题记

义

義
小篆

義
金文

“义”这个字，听起来让人为之一振，似乎具有英雄情结的人才会将“义”作为人生的座右铭。“义”真的离我们很遥远吗？其实我们的品德中，永远都存在“义”，缺少了“义”，那么人就成了被唾弃的人，成了畏首畏尾、瞻前顾后、自私自利、事不关己高高挂起的人。赵氏孤儿的故事，也许大家或多或少听说过。这个故事最开始的两个人物——公孙杵臼、程婴就是典型的义气之人。他俩为了救赵氏孤儿，一个为“义”死，一个为“义”忍，如今看来，实在震撼人心。

本书讲述古人讲究仁义、信义的故事，这些故事的主人公，舍生取义的不在少数。有的人，像春秋时期的要离，为了信义，舍去的不仅是自己的生命，还有妻儿的性命。

生命诚可贵，人人都要爱惜自己的生命。如今，我们不可能像古人那样，动辄以生命为代价去换取达到目的。但是，并不代表我们就不讲求“义”了。人有了信义，才会得到大家的尊敬。生活中，与亲人、朋友相处，我们也要讲究一个“义”字，而不能一遇事就躲到亲人朋友的身后去。应该勇于担当，甚至勇于为亲人朋友分担痛苦，排忧解难。这样，才算得上是一个信义之人。

真正的义

小时候，“义”对于我来说，是一个模糊的概念，似乎只在《水浒传》或《三国演义》那样的古典英雄故事里，在为人正派的君子或者正气凛然的好汉身上，才能寻到一丝“义”的痕迹。

上小学的时候，有一次班主任因为卫生检查没有合格，而批评了班上的劳动委员。但我知道她是个很负责任的人，每次当值的同学没有认真做清洁，她都会默默地把教室打扫干净。但那天检查她生病了，没有来学校，于是班上的检查便没有合格。

劳动委员是个性格柔弱的女生，对于批评她并没有反驳。但我觉得老师的批评是不合理的。真正应该受到处罚的，是那些不认真做清洁的当值者，而不是一直都默默尽责的她。如果这件事情不解决，她以后还要承担所有人的失职。于是下课以后，我拉着她到办公室，向老师解释了事情的前因后果。老师感到十分惊讶，事后不仅向她道了歉，更狠狠批评了全班。

我记得，那时她对我说了一句话：你是个很有义气的人。

那是我人生中第一次，亲身体会到“义”这个字的含义。对于那时的我来说，“义”就是在看到不公正不合理的情形时，敢于挺身而出，做自己觉得道德上正确的事情。

但越长大，我越发现，坚守本心，坚持道义绝不是件容易的事。因为这个社会的不公正，往往压向生活艰难、备受压迫的人。如果我们要为他们挺身而出，就意味着必须放弃很多现有的安逸与舒适。因为在追求道义与公平的同时，我们也在摧毁一个腐败与黑暗的系统，尽管这个系统本身，或许会给我们带来很多方便。就像当年，当我向老师澄清一切的时候，我同时也放弃了自己可以做清洁时偷懒的机会。只是那个的代价小，而今后为追求正义而付出的，可能是生命，如马丁·路德金一般。这也是为什么，敢于追求正义的人，往往是少数。根据经济学的原理，当代价太高的时候，做这桩买卖的人，自然就少了。所以，纵然每个人心里可能都有正气，但是很少有人愿意真正将之化为行动。

前一段时间，我看到 William Deresiewicz 教授在斯坦福大学给新生的演讲。其中他提到了关于道德、勇气（moral courage）的概念。所谓道德勇气，在其最广泛的意义上，就是抛弃功利思想与个人利益，而做道德意义上正确的事情的能力。他说，教育很多时候都减弱了我们的这种能力，因为在被系统同化的同时，我们要么被各种功利的考虑束缚了本心，要么，就完全丧失了这种判断力。

所以我想，真正敢于不畏强权追求正义的人，内心一定是充满了大爱的。因为对社会的爱、对苍生的爱、对自由的爱、对平等的爱而言，自己的荣辱成败，便显得微不足道了。

而这，才应该是教育的终极意义——让我们都成为无所畏惧的思想者，都成为对内心真正忠诚的人。

对于将来，我有很多的想法，律师、生物学家、经济学家或者哲学家。但我知道，有一点是不会变的：用尽所有的力气，去做对的事情，这也是我想鼓励你们去做的。

丁 卉

目　录

在文化越来越快餐化的今天，能看到有这样一套国学书，对孩子们的思想教育和文化知识的增长是很有帮助的。

——搜狐网图书频道主编　刘颖

文化不是仅仅让你看到的更多，更是浸润我们内心的血液里的东西。

——梅花螳螂派掌门 王聚胜

一花一世界，一叶一如来。一世一个理，尽在国学中。

——武汉归元寺方丈 隆印法师

如果你和你的孩子阅读了《圣经故事》，你们更应该看一看《国学金故事》，领略不同的文化和智慧！

——中国武侠文学学会会长　李荣德

冒死入楚

华元，春秋时宋国右师，曾为郑国所俘，后逃归，并促成“弭兵之会”。

春秋时期，楚王派使臣到齐国去，途中必须经过宋国。楚王自恃楚国势力强大，便对使臣说：“经过宋国时，没必要向他们请求借道，径直过去就是了。我倒想看看宋国能把我们怎么样！”

使臣听了楚王的吩咐，便出发了。当他们大摇大摆地想闯过宋国时，宋王向大臣华元征求意见。华元说：“宋国虽然弱小，但我们要有骨气，这样才能不被人轻视。”

于是宋王下令把使臣抓了起来，并交给华元处理。

使臣见了华元后，依然耀武扬威，并叫嚣道：“你们难道就不怕楚王派兵把宋国灭了吗？”

华元拍了一下桌子，威严地说：“你作为楚国使臣，经过我国却不请求借道，这实际上是把我国当做楚国境内的县城，对于我们来说，这不是等于亡国吗？今天我杀了你，楚国必然会攻打我国，我国最坏的结

果也不过是亡国。反正一样是亡国，不如先斩了你这闯道的使臣！”说罢，华元便叫人把使臣拉出去斩首了。

消息传到楚国，楚王勃然大怒，他拂起衣袖，气得连鞋子都来不及穿，宝剑也顾不上佩挂，便立刻派子反率兵攻打宋国。楚王原以为对付区区一个小国，一下子就可以结束战争，没想到宋国上下团结一心，士兵和老百姓同仇敌忾，顶住了楚军的进攻。楚军围攻了好几个月，仍然没能使宋国屈服。

然而战争相持下去对宋国极为不利——粮食早已吃光，又得不到外援。华元心里非常着急，但他安慰大家说：“这件事因我而起，我会负责到底，我这就去想办法让楚军撤兵！”

在一个月黑风高的夜晚，华元带上一把锋利的宝剑，只身潜入楚营。他悄悄地爬到子反的帐营附近，用暗器将卫兵杀死，然后从窗口跳进了子反的卧房。

子反此时正在研究作战方案，见房子里突然冒出一个人来，不禁吓得魂飞魄散，他哆嗦着喝问道：“你是什么人？想干什么？”

华元迅速地扑上去，扼住子反的脖子，并用白闪闪的宝剑逼着他，说：“我是宋国的大臣华元，想和你商量商量打仗的事。”

子反连忙赔笑说：“将军先把宝剑收起来，有话好说，有话好说。”

华元把他推倒在地，然后冷冷地说：“实话告诉你，我们国家的形势十分严峻，但我们决不会投降！如果我们拼死一搏，

取义成仁今日事，人间遍种自由花。——陈毅

你们也占不了什么便宜。从两国的利益考虑，现在请你退兵三十里，我们再商量以后的事情。”

子反从地上爬起来，哭丧着脸说：“其实我们楚国也难以坚持下去了，士兵们都十分疲劳。这样吧，你先回去，等我请示了楚王再说，好吗？”

华元说：“只要你能撤军，我的人头可以交给楚王。”说完后，华元便准备拔剑自刎。

子反立即劝阻道：“将军真是个义勇之士，着实令人佩服。大丈夫说出来的话，决不反悔！明天我就去劝说楚王撤兵！”

华元握着子反的手说：“我不骗你，你也别哄我。就这么说定了！”

子反将情况报告给了楚王。其实楚王早已有了撤兵的打算，现在宋国这么一说，正好有台阶下，于是便答应了。

从此，宋王更加倚重华元，把他看成是处理国事的核心成员。

《左传·宣公十五年》

本篇成语解释：

1.【耀武扬威】炫耀武力，显示威风。
2.【同仇敌忾】全体一致地仇恨敌人。
3.【魂飞魄散】灵魂离开了躯壳，形容非常惊恐。

舍身求救

申包胥，春秋时楚国贵族，又称公孙包胥，楚君蚡冒的后裔。

公元前506年，楚国与吴国经过三次大决战后，楚国都城郢被吴军攻陷。楚昭王张皇失措，慌忙逃往国外，大臣们也纷纷出逃，老百姓深受战乱之苦，流离失所。面对着国家破碎的局面，楚大夫申包胥怀着满腔的悲愤说："国家危难的时候，大家都只知道逃命，但我一定要拯救楚国。"

侍从附和着说："申大人说得对，我们一定会跟随您与吴军决一死战！"

申包胥低沉而有力地说："披上盔甲、拿起武器去和敌军拼个你死我活，这顶多是尽到了一个士兵的责任，如果我化装后前往别国求援，或许会更有作用。"

于是，申包胥带上一些干粮，只身逃出楚国。他一路上攀登险峻的山峰，穿越深邃的山谷，历尽了千辛万苦。他磨破了脚掌，碰伤了膝盖，连续走了七天七夜，终于来到了秦国。

他站在秦王宫殿外，像鹤一样直立着，从白天到黑夜，不断地向秦国人哭诉楚国的遭遇。他坚持了七天七夜，可仍得不到秦国的同情和支援。

许多人劝申包胥："你这样做有什么用呢？还是回去吧！"

申包胥斩钉截铁地说："请不到秦国出兵，我决不动身回国！"

一连七天七夜，他不眠不休，滴水未进，日夜哭泣。几天的折磨使他的身体变得十分虚弱，最后晕倒在地。

这件事在秦国上下引起了强烈的反响。秦王知道后，认为这是一个紧急情况，连帽子也来不及戴，腰带也来不及束，就匆忙带领几位侍从向申包胥那里跑去。秦王见申包胥直躺在地上，连忙用左手抱起他的头，右手则拿水往他嘴里灌。没多久，申包胥睁开双眼，醒了过来。

秦王轻轻地问道："你是什么人？有什么事吗？"

申包胥缓缓地答道："我是楚国大夫申包胥。吴国进攻我国，占领郢都，楚国国君逃亡，百姓也四处流亡，国家局势万分危急。我特地来向大王报告，请求您出兵救援！"

听申包胥这么一说，秦王将他扶了起来，说道："一个大国的国君看到义士这样舍身忘死、忧国忧民，如果不给予同情和支持，是会引起众人的愤怒的！"

申包胥连忙跪在地上说："大王果然是一位仁义的君主。我作为楚国大夫，理应挥剑斩敌，但那也只不过是匹夫之勇。而今能感动大王出兵，这才是国家大义，我即使死了也没有什么遗憾了！"

秦王拉住申包胥的手说："一个国家要强大，不能缺少你这样舍身报国的义士。如果你肯留在我们秦国，我一定委以重任！"

申包胥婉言谢绝说："大王赏识我，这恩情我没齿难忘，但我生是楚国人，死是楚国鬼，还是让我回楚国杀敌救国去吧！”

于是秦王立即派出五百辆战车，并让两位智勇双全的将军带领军队，前去救助楚国。最终秦军在浊水一带大胜吴军，楚国终于得救了。申包胥舍身救国的事迹也从此传为千古美谈。

《战国策 · 楚策》

本篇成语解释：

1.【张皇失措】慌慌张张，不知道该怎么办。

2.【千辛万苦】各种各样的艰难困苦。

3.【斩钉截铁】比喻处理事情或说话果断坚决，毫不犹豫、拖沓。

女有孟姜女哭长城撼动天地，男有申包胥哭秦廷求楚。可见，只要执着于自己的目标，终有成功之日。

鱼肠剑侠

专诸（？——公元前515年），春秋末期吴国堂邑（今江苏六合西北）人。相貌奇伟，勇武异常，性格豪爽，行侠仗义，远近闻名，以舍身行刺吴王僚以报答知己公子姬光而闻名。

话说老吴王去世后，王位本来应该是传给他的儿子公子光（即姬光）的，但公子光的表兄弟姬僚（即吴王僚）却借吴王去世后的混乱局面，通过阴谋篡夺王位，所以公子光一直想暗自寻找机会除掉吴王僚，夺回本该属于自己的王位。

一晃几年过去了，公子光一直没有找到好的机会，但是他却结交了一位当时很有名的侠士——专诸，两人一见如故，很是投机，建立了深厚的感情。

专诸得知公子光的经历后，愤愤不平，决心帮助公子光刺杀姬僚，夺回王位。

姬僚也知道自己的王位来得并不光彩，宗室的其他公子肯定不服，因此他平时对几位公子保持着极高的警惕，王宫的戒备也很是森严，根本没有人可以接近他。

于是专诸问公子光："姬僚平时最喜欢什么？"

公子光说："最喜欢吃烤鱼。"

专诸觉得可以从这方面找到突破口。于是他到处拜师，学习烤鱼的技艺，成为了一名出色的烤鱼厨师。然后公子光故意送了一盘专诸做的烤鱼给姬僚，姬僚吃了以后，大加赞赏。

看到姬僚很喜欢吃专诸做的烤鱼，公子光便决定立即实施刺杀姬僚的计划。

不久后，公子光在家中摆下酒宴，并且专门请专诸给姬僚做烤鱼。

姬僚一听说有烤鱼吃，不禁直咽口水。他兴冲冲地赶来赴宴，并带了大批卫士保护自己。

酒宴中，公子光以脚病复发为借口，中途告退。他来到厨房，把一把当时的名剑——鱼肠剑交给专诸。

专诸做好烤鱼后，把鱼肠剑藏在鱼肚里，然后端着鱼亲自送进宴会厅。在大门口，两边的卫士把他拦住了，不让他进去。

公子光见状，立刻向姬僚解释说："这就是会做烤鱼的专诸，他做烤鱼的方法与众不同，做出的鱼也独具特色，明白了这些特色，吃起来才更有味道，所以请大王允许他进来，好当面禀明。"

姬僚未加多想，挥手让专诸进来呈上烤鱼。专诸呈上烤鱼后，一边介绍烤鱼的特色，一边观察姬僚的动静。姬僚看着烤鱼，闻着扑鼻的鱼香，早就口水直流，举起筷子就想吃。说时迟，那时快，专诸左手把烤鱼向姬僚面前送去，右手则早已抽出鱼肠剑刺向姬僚胸口。姬僚仰身便往后倒，同时拔剑相挡，无奈鱼肠剑是天下无双的宝剑，他的剑一下子就被削成两截，而专诸手中的剑也已刺进了他的胸膛。姬僚当场被刺死。

姬僚身后的卫士立即用长戟朝专诸刺来，专诸大吼一声，从姬僚胸中拔出鱼肠剑还击。一时间剑光闪动，血

肉横飞。专诸虽然非常勇猛,但卫士人多势众,他最终由于流血过多而死。公子光当时惊呆了,直到专诸倒下以后,他才想起出动早已埋伏好的士兵。经过一场血战,吴王的侍卫最终被一网打尽。

于是公子光重得王位,是为吴王阖闾。

《史记·刺客列传》

本篇成语解释:

1.【一网打尽】本指把鱼或兽类一网捕尽;现比喻把坏人全部抓获或彻底肃清。

残身报君

要离，春秋时期吴国人。有胆有识，善于以柔克刚、以弱敌强。

如果你不知道“苦肉计”到底是什么意思，那么读完这个故事，你将会对它有些了解的。

这个故事的主人翁就是春秋时期的要离。要离身材矮小，骨瘦如柴，乍一看，完全是一个弱不禁风、手无缚鸡之力的人。但是他却以自己的胆识、勇气和智慧做一些常人做不到的事情，令世人刮目相看。

当时的吴王阖闾通过专诸刺杀吴王僚而取得王位后，一直担心姬僚的儿子庆忌来报仇。政变发生时，庆忌正好在外面打猎，所以幸免于难。庆忌逃到国外以后，广招武士，积极准备联合其他国家，共同讨伐阖闾。阖闾为此食不甘味，寝不安席，终日惶惶，如坐针毡。

怎么办呢？他决定在国内挑选高手去刺杀庆忌，以除去心腹之患，稳定国家局势。

有人向阖闾推荐了要离。等到阖闾见到要离时，他非常失望，因为他觉得要离身材矮小，面黄肌瘦，一副病态，没有半点儿武士的粗犷英武之气，根本不能担负刺杀庆忌的使命。

庆忌天生好武，体格强健，可以说有万夫不当之勇，相比之下，要离则太弱小了。

于是阖闾问要离："不知你要用什么办法去刺杀庆忌呢？庆忌有万夫不当之勇，恐怕你根本就不是他的对手啊！"

要离十分自信地回答道："杀人，有力杀也有智杀。只要大王让我去杀他，我自有妙计接近他。对我来说，杀死庆忌就像杀鸡一样容易！"

阖闾觉得他说的有些道理，便接着又问："庆忌是个聪明人，你是吴国的宾客，他肯定不会相信你，所以你根本无法接近他，又怎么会有机会刺杀他呢？"

要离毫不犹豫地说："我可以谎称犯了死罪。请大王砍断我的右臂，杀掉我的妻子儿女，我再假装畏罪外逃。这样，我必能取得庆忌的信任并接近他，然后相机行事，要刺杀他就不难了。"

于是第二天上朝时，要离故意惹阖闾生气，阖闾便假装大动肝火，命令手下砍去要离的右臂，并把他关进监狱，然后又派人把他的妻子儿女也抓了起来。

过了几天，阖闾故意放走要离，让他趁机逃跑。阖闾又杀死了要离的妻子儿女，并暴尸示众。

要离逃出吴国后，一路上逢人便哭诉自己的冤情，说自己根本没罪，凭空遭到迫害，还斥骂阖闾惨无人道，并发誓说："不除掉阖闾，誓不为人！"

不久后，很多人都知道了要离的悲惨经历。见时机渐渐成熟，要离便去投奔庆忌。庆忌开始时不太相信要离，但后来有心腹武士从吴国探事回来，说要

英勇非无泪，不洒敌人前。男儿七尺躯，愿为祖国捐。——陈辉

离的妻子儿女真的被暴尸示众，庆忌才深信不疑，并把要离当作知己对待，毕竟他们俩同病相怜呀！

就这样，要离最终取得了庆忌的信任，并有机会紧随在庆忌身边。

要离终于在随庆忌渡江回吴国找阖闾报仇时，杀掉了庆忌。庆忌勾结外国势力夺取王位的阴谋破产了。

《吴越春秋·阖闾内传》

本篇成语解释：

1.【骨瘦如柴】形容消瘦到极点。

2.【弱不禁风】形容身体娇弱，连风吹都经受不起。

3.【同病相怜】比喻有共同的遭遇或痛苦而互相同情。

断臂破家行非常之举，只为报“伯乐”之恩。要离舍生取义，非常人能为之。

杵臼救婴

公孙杵臼，生卒年不详。春秋时晋国贵族赵朔的门客，足智多谋，英勇无畏，颇具侠义之气。

春秋时期晋景公三年，当时的权臣屠岸贾在宫中发动内乱，遭到大臣赵朔的反对，赵朔还号召文武官员把屠岸贾驱逐出朝廷。

于是在一个漆黑的夜晚，天下着大雨，对赵朔怀恨在心的屠岸贾擅自率领三军将领，瞒着晋景公诛灭了赵氏家族，赵朔也没能幸免。

赵朔的妻子庄姬怀有遗腹子，她侥幸地逃到了景公的宫中躲藏起来。赵朔有个门客叫公孙杵臼，一天，他对赵朔的朋友程婴说："您平时跟赵朔肝胆相照，为什么不跟屠岸贾拼死一战呢？"

程婴说："我还不能死！赵朔的夫人怀有遗腹子，我有责任抚养他成人，让他来接续赵氏宗族、报仇雪恨呀！"

没过多久，赵朔的夫人生了个男孩，但不慎走漏了风声。屠岸贾听到消息后，便到宫中来搜查，想要斩草除根，但赵朔的夫人和孩子又幸运地躲过了搜捕。

逃脱搜捕后，程婴对公孙杵臼说："虽

然这次没有被搜查到，但他们肯定不会死心，要是他们再来怎么办？”

公孙杵臼皱紧双眉，沉思了很久才说：“您说抚养孤儿成长与殉死相比，哪个难？”

程婴叹了口气说：“在这种情况下，当然是死容易，抚养孤儿成人难呀！”

于是公孙杵臼说：“那么您就负责抚养孤儿，我就挑个容易的差事，让我先死吧！”

什么意思呢？

原来杵臼想了个主意，以便能救出赵氏孤儿。他弄来别人的死婴背着，身上裹着华丽的襁褓，并叫程婴带上赵氏孤儿，然后各自躲到了深山之中。

屠岸贾得到消息后，便率领将军们到山里来搜捕。程婴把孤儿藏好后，主动走出山来，假意对那些将军们说：“我程婴没有出息，不能抚养赵氏孤儿成人。谁能给我一百两黄金，我就告诉他赵氏孤儿藏在何处。”

将军们一听都非常高兴，认为可以找到婴儿了，便答应了他的条件，然后跟随他找到了公孙杵臼。

公孙杵臼假意大声骂道：“程婴你这个小人啊，下宫之难时，你没有殉死，还骗我说是为了抚养赵氏孤儿，如今却出卖我，你真卑鄙！纵然你不能抚养他成人，也不能出卖他啊？”说完，他看了看怀中的婴儿，亲了几口，又大声喊道：“天啊！天啊！赵氏孤儿有什么罪？能不能把我杀了让他活下去？”

将军们哪里会答应，二话不说就对准杵

我死国荣，我死犹荣，身虽死精神长存，成功成仁，实现大同。——赵博生

臼和婴儿一阵乱砍。他们都认为赵氏孤儿已死，便心满意足地走了，并扔给程婴一百两黄金，说："跟我们一起干，有你好处的！"

程婴伤心地埋葬了杵臼，然后偷偷地回到山上找到了孤儿，并把他抚养成人。

这个孤儿就是后来著名的赵武灵王。

《史记 · 刺客列传》

本篇成语解释：

1.【肝胆相照】指对人忠诚，以真心相见。

2.【报仇雪恨】雪：洗除。报冤仇，除仇恨。

杵臼、程婴义救赵氏孤儿，一为"义"死，一为"义"忍，均非易事，皆有舍身取义的觉悟。

吞炭漆身

豫让，春秋战国时晋国人，先事范氏、中行氏，后为智伯家臣，名噪一时。

战国时期，晋国有一位叫豫让的侠士，他曾是智伯的部下。智伯一族被赵襄子灭了之后，豫让发誓要为智伯报仇，向赵襄子讨回公道。

有一次，豫让装扮成一个服刑的人，溜进赵襄子宫中修整厕所，他暗地里把短剑藏在衣袖中，想趁赵襄子上厕所时，伺机把他刺死。

赵襄子到厕所去，觉察到情况异常，心一悸动，拘问修整厕所的人，发现了豫让。豫让被赵襄子逮捕，被审问时，他直言不讳地说要为智伯报仇。侍卫要杀他，赵襄子认为他是义士，忠勇可嘉，将他释放。

过了一些天，豫让决心再一次暗杀赵襄子。他吸取了上一次的教训，这一次把漆涂在自己身上，使皮肤肿烂，像害了一场病似的。他还吞了几口炭，使嗓子变得嘶哑，改变了原来的声音。

为了检验自己化装的效果，他跑到街上去扮乞丐，刚好碰到他的妻子，他走过去笑嘻嘻地说："快回去给我温一壶

酒！”

妻子莫名其妙，惊异地看着他说：“你是谁？还不快走开！”

豫让喜出望外，以为没有人能认出他了，便高兴地喊了几声：“成功了，成功了！”

不久后，他得到一个消息——赵襄子要外出办事。于是他埋伏在赵襄子要经过的桥下，准备行刺。

豫让屏住呼吸，一动不动地躲在桥下的一个土坑里，只要赵襄子一出现，就冲上去杀了他。等啊，等啊，赵襄子终于出现在桥头了，只见他神色自若，和旁边的人有说有笑。豫让紧握宝剑，准备抽出来行刺。

突然，赵襄子大笑一声，指着豫让埋伏的地方说：“有刺客！如果我没猜错的话，他一定是豫让！”

豫让从土坑中跳了出来，走到桥中央持剑弓步而立，双眼怒睁，冷冷地说：“既然知道，我就让你死个明白！”

赵襄子却拱手道：“豫让大侠英雄一世，又何必自投罗网？你虽然武功超群，但怎么也敌不过我这二十名剑术非凡的卫士。”

豫让面不改色心不跳，回答说：“纵然身首分家，我也要为智伯报仇！”

赵襄子眉头一皱，不解地问：“你为什么一而再、再而三地要为智伯报仇？”

豫让说：“士为知己者死。智伯赏识我，把我看成国中豪杰，我就要用国中豪杰的做法报答他。”

赵襄子说：“你为智伯效劳，也算尽心尽力了。但我的宽容也已经到了极限，不能再像上次那样赦免你了。”

豫让冷笑一声说：“我早已把生死置之度外，甘心接受你的惩

真诚的、十分理智的友谊是人生的无价之宝。——马克思

你能否对你的朋友守信不渝，永远做一个无愧于他人的人，这就是你的灵魂、性格以至于道德的最好考验。——马克思

罚。但在此之前，我还想提一个请求，希望你能把你的外衣给我，让我在上面砍几刀。”

赵襄子深深地被豫让的忠义所折服，于是让侍从把他的衣服脱下，交给豫让。豫让手持佩剑跳起来，大呼一声：“赵襄子看剑！”便朝着赵襄子的衣服连砍三刀。

砍罢，豫让跪在地上，朝天说：“智伯在天之灵可以安息了，我也算报答智伯于地下了！”接着，他便引颈自刎了，当场鲜血直溅，流出了五米远。

赵襄子十分感动，派人将豫让安葬好，并赐给他的家属许多财物。

《史记 · 刺客列传》

本篇成语解释：

1.【莫名其妙】说不出其中的奥妙。多用来形容事情很奇怪，使人不明白，说不出道理来。

2.【自投罗网】比喻自己走上死路。

3.【置之度外】不把个人的生死利害等放在心上。

图穷匕见

荆轲，战国末年著名游侠，本是齐国大姓家族庆氏的后代，故又称庆卿。

战国后期，秦国强大而燕国弱小。燕国太子丹决心行刺秦王，以此来削弱秦国。当时，有个叫田光的人对太子丹说："我的好兄弟荆轲剑术高明，可以让他去刺杀秦王。"

太子丹把荆轲请到宫中，对他说："我想找一位勇士扮作燕国的使臣，带上贵重的礼物去见秦王。秦王贪图礼物，一定会接见。趁这个机会，劫持他，逼他把侵占的燕国土地交还，如果他不答应，就当场把他刺杀。这样，秦国的将领就没有心思作战，各国联合的军队或许可以趁机打败秦国。不知你愿不愿意承担这一任务？"

荆轲想了一会儿说："这件事非同小可，我恐怕担当不起。"

太子丹苦苦恳求，请他不要推辞，荆轲只好答应了。

没多久，秦军攻破赵国，逼近燕国，太子丹非常着急，便去找荆轲商量。

荆轲说："秦王最想杀的人是逃来燕国的叛将樊于期，他最想得到的土地是燕国的督亢地区。如果我拿着樊于期的人头和督亢的地图去献给秦王，他一

存亡易心。——《三国志》

仁者不已盛衰改节，义者不已

定会高兴地接见我的，这样我就有办法了。”

太子丹说：“督亢地图可以马上送来，但樊将军受秦国迫害走投无路，才来投靠我国，我怎么忍心杀了他？”

荆轲只好私下去找樊于期，对他说：“秦王把你全家的人都杀了，你的怨仇太深了。现在我要去行刺秦王，想借将军的人头作为进献礼，好接近他以便下手，不知将军意下如何？”

听了荆轲的计策，樊于期就拔剑自刎了。

荆轲把樊于期的头放在木匣里封好，并准备了一把用毒药浸过的锋利的匕首。动身的那一天，太子丹和一些宾客都穿着白衣，戴上白帽，到易水边为他送行。大家知道荆轲这一去是凶多吉少，都忍不住流下了眼泪。临行前，荆轲大声唱出：“风萧萧兮易水寒，壮士一去兮不复返。”

不久后，荆轲便到了秦国的都城咸阳。

秦王听说燕国使臣送来了樊于期的人头和督亢地图，十分高兴，于是他以隆重的礼节在大殿上接见荆轲。

荆轲拿着两个匣子走上殿去。秦王先验看了樊于期的头，然后又叫荆轲献上地图。秦王慢慢地展开地图，等到全部展开时，一把雪亮锋利的匕首顿时露了出来。

秦王大吃一惊，吓得跳了起来。荆轲趁势左手拉住秦王的衣袖，右手抓起匕首，使劲向他刺去。

殿上的随从官见情况不妙，忙拿起手中的药袋对准荆轲掷了过去。虽然没有击中荆轲，却给秦王赢取了时间。秦王趁势拔出宝剑，向荆轲砍去，把荆轲的左腿砍断了。

荆轲断了腿，只好举起匕首，

朝秦王猛掷而去。匕首没有击中秦王,而是投到了铜柱上,迸发出几点火星。

秦王又举起剑，朝荆轲一连砍了七八下。荆轲知道刺杀行动失败了,苦笑了一声,坐在地上大声骂道:“我之所以没有成功，只是因为想挟持你，逼你退还侵占的燕国土地，好回报太子丹！”

这时,台下的武士已得到命令,冲上殿来把荆轲杀了。

《史记 · 刺客列传》

本篇成语解释：

1.【非同小可】形容事情重要或形势严峻,不可轻视。

2.【走投无路】形容无路可走,陷入绝境。

冯谖客孟尝君

冯谖，战国齐人，孟尝君门下的食客之一，为战国时期一位高瞻远瞩、颇具深远眼光的战略家。

一颗善良的心就是一席永恒的筵席。——夸美纽斯

战国时期，齐国的孟尝君门下有食客数千人。有一天，孟尝君询问府里的宾客：“有谁熟悉算账理财，能够替我到薛地去收账？”冯谖回答说：“我能！”于是孟尝君派冯谖去收债。辞行的时候，冯谖问道：“债款全部收齐，用它买些什么东西回来呢？”孟尝君说：“看我家里缺少什么东西，就买什么。”

冯谖辞别了孟尝君，驱车到了薛地，派官吏召集应该还债的人，偿付息钱。结果得息钱十万，但还是有多数债户交纳不出。冯谖便用所得息钱置酒买肉，召集能够偿还息钱和不能偿还息钱的百姓都来验对债券。大家都到齐之后，冯谖一面劝大家饮酒，从旁观察债户贫富情况，一面让大家拿出债券如前次一样验对，凡有能力偿还息钱的，当场订立还期，对无力偿还息钱的，冯谖即收回债券。并假传孟尝君的命令，为无力还款的老百姓免去了债务。他当着众人的面把借约烧掉，百姓齐声欢呼孟尝君万岁，感谢他的恩德。

冯谖马不停蹄地赶回去复命，一回来就要求进见孟尝君。他回来这么快，孟尝君感到很奇怪便接见了他。孟尝君问道：“债款全收齐了吗？

怎么回来的这么快呀？”冯谖回答说：“收齐了。”孟尝君又问：“用它买了些什么回来呢？”冯谖说：“您说‘家里缺什么就买什么’我考虑您府里已经堆满了各种珍宝，好马挤满了牲口棚，堂下也站满了美女。您府里缺少‘义’了，因此我替您买了‘义’。”孟尝君问：“‘义’怎么买？”冯谖回答说：“薛地是您的封地，您却不抚育爱护那里的百姓，反而使用商贾的手段向百姓收取利息，我私自假传您的命令把借约烧了，百姓齐声欢呼万岁，这就是给您买的‘义’啊。”听了这话孟尝君虽然心中有些不悦，认为没有此必要，倒也没有责怪冯谖。

过了一年，齐王听信谗言，让孟尝君交出相印。齐王对孟尝君说：“我不敢拿先王的臣子作为自己的臣子。”孟尝君只好回到封地薛城。走到离薛城还有十里的地方，老百姓扶老携幼，在大路上迎接孟尝君。这时，孟尝君回头对冯谖说：“先生替我田文买的义，竟在今天看到了。”

“义重于利”，当孟尝君被齐王贬回到薛城时才认识到昔日冯谖替他买的“义”今天都加倍的得到了回报。冯谖在薛地用义在百姓中埋下了感恩的种子，为孟尝君换得民心，功德无量。

《战国策·齐策》

本篇成语解释：

1.【高瞻远瞩】站得高，看得远。比喻眼光远大。

2.【功德无量】旧时指功劳恩德非常大。现多用来称赞做了好事。

霸王别姬

虞姬，秦末人，项羽姬妾，常随其出征。

公元前202年，韩信率领的汉军十面埋伏，把项羽军队围困在垓下（今安徽灵璧南）。项羽军中伤亡众多，而且粮食紧缺，所以他几次带兵突围都没能成功。

有一天夜里，天气清凉，项羽望着天上的星星，辗转反侧，难以入睡。于是他爬起来，披上战袍，牵着心爱的战马到外面散心。忽然，远处传来阵阵歌声，此起彼伏。项羽仔细一听，发现四面八方都在唱楚国的民歌，他大惊失色，心想："难道汉兵已经取得了楚地？为什么汉营中有这么多的楚人呢？"

"唉！事情已经到了这一步，只能听天由命了！"项羽不禁仰天长叹。

这时，项羽的爱妾虞姬走了过来，对他说："大王，天下有谁不知道您是顶天立地的大英雄，您又何必这么消沉呢？还是回去歇会儿吧！"

在有信心的人心目中，良心并不是儿戏。——罗曼·罗兰

项羽苦笑一声："我项羽苦战了大半辈子，到头来竟然是一败涂地！"说完，他摸了摸身旁的马，感叹道："我可怜的乌骓马，跟了我这么多年！"

这时，四周传来的楚国民歌的声音越来越大，项羽望着虞姬和骏马，不禁百感交集，

随口唱起一曲悲凉的歌来:“力拔山兮气盖世。时不利兮骓不逝。骓不逝兮可奈何!虞兮虞兮奈若何!”

项羽一连唱了好几遍,虞姬也跟着和了一曲:“汉兵已略地,四方楚歌声;大王意气尽,贱妾何聊生。”

唱罢,虞姬对项羽说:“我只不过是个弱女子,大王对我情义深重,我已经很满足了。大王,我还是死了的好。”

项羽听她这么一说,更是伤心,问道:“为什么?”

虞姬含着眼泪说:“大王之所以不能杀出重围,就是因为担心我的性命。我不愿再拖累你们。”

项羽执意不准虞姬自杀。

虞姬又劝道:“我即使现在不死,等汉兵杀过来,我还不是会落入他们手中,那才叫生不如死。大王想必也不忍心,还是让我自己死了的好!”

不等项羽开口,虞姬就一下子拔出项羽的宝剑,抹向自己的脖子,死在了项羽的怀里。

项羽见虞姬自杀,眼泪不禁滚滚流出。他把虞姬抱起,迈着沉重的步伐缓缓地向前走去。他绝望地望着远方,不停地说:“我算什么英雄?连虞姬都保护不了!”

然后,项羽把虞姬的尸体埋入了沙丘之中。左右将领看到这种情形,也都感动得哭了起来。

据说,虞姬自杀时溅出的鲜血,浸染了一片土地,那片土地上长出了美丽无比的花朵,后人将这些花称为虞美人,以纪念这位殉义的美女。

《史记·项羽本纪》

本篇成语解释：

1.【顶天立地】形容形象高大，气概豪迈。

2.【听天由命】听凭天意和命运。也比喻任凭事态自然发展变化，不做主观努力，有时也用来比喻碰机会或听其自然。

3.【百感交集】各种感想都交织在一起。

楚霸王英雄末路，虞姬自刎殉情。这悲情的一瞬，早已定格成为中国古典爱情中最为经典，也最荡气回肠的一幕。

轻财好施

剧孟，西汉洛阳（今河南洛阳东）人。专以任侠为事。他扶危济贫，仗义疏财，闻名一时。

有些人巴不得自己的钱财越来越多，但是有些人却把钱财看得很轻，认为钱财这种东西，生不带来死不带去，人若是把钱财看得比生命还重，就会为钱财所累，成为钱财的奴隶，这样就活得没意思了。

西汉时期的剧孟不但轻视钱财，还把自己仅有的一些钱财用于救助他人，在当时的影响很大。

当时有一个商人叫师史，他用一百多辆车子，专门从事货物贩运活动。几年之内，他的足迹遍布全国，资产也达到七千万钱。于是很多人都仿效师史去经商，忙得都顾不上进家门。但是剧孟丝毫不动心，他还是像以前那样生活，悠然自得。

有人来劝他："剧孟，虽然现在你家里有点儿钱，但是长此以往，终究会坐吃山空呀！你为什么不去经商呢？你看师史，他以前是个穷光蛋，没有一点儿本钱，现在却成了一个富翁；而你至少还有点本钱。依我看，你还是到外面去闯一闯吧！用不了几年，你肯定也能富裕起来！"

剧孟微笑着说："我这个人把钱看得很轻，只要够用就行了。我认为钱还是要花在有价值的事情上，比如说别人家出现困难，我拿钱来帮助

仁义莫交财，交财仁义绝。——梁章钜

他人；别人为人正派，想做个正经的生意人，却没有本钱，我也愿意帮助他。”

有一年，东南方发生叛乱，叛军一开始就气势汹汹，不久便占领了中原一带的大部分地区。他们一路上烧杀抢掠，老百姓苦不堪言，但也只能忍气吞声。不少人房子被烧了，家中仅有的财物也被抢了，只得四处流浪，沦为饥民。他们都知道洛阳有个侠义之士剧孟乐善好施，便纷纷前往投奔。只要是能办到的，剧孟也都尽力帮助。

一天早上，天刚蒙蒙亮，剧孟打开大门，发现门边蜷伏着一个老人。剧孟感到十分奇怪，连忙把老人摇醒。老人一醒来，便向剧孟哭诉：“我是江苏人，在这次叛乱中，我的三个儿子都被征去当兵了，又都死在了战场上；我一个人在家里悲痛欲绝，没想到刚刚安葬好最后一个儿子，我家的房子又被叛军一把火烧了个精光。在走投无路的情况下，我听说您是一个好人，于是千里迢迢地来投奔您。昨天到这里时已经是夜晚了，我不敢打扰您，于是就睡在了大门口。您一定要帮帮我啊，给我口饭吃就行了。”说完又伤心地哭了起来。

剧孟听完以后，心里非常难受，于是他对老人说：“一个人总有遇上困难的时候，现在您遇到了困难，而我还算有点儿家底，能不帮您吗？”说完便给了老人很多钱财，让老人重建房屋，安度晚年。老人万分感谢，拜别而去。

像这样仗义好施、不求回报的例子，多得连剧孟自己也记不清了。在剧孟的影响下，江淮之间游侠纷起，蔚然成风。

《汉书·游侠传》

本篇成语解释：

1.【气势汹汹】形容态度、声势凶猛而嚣张。
2.【千里迢迢】形容路程很远。
3.【忍气吞声】受了气勉强忍耐，把话压在肚子里不敢说出来。

仁义之人，心中自有一把衡量的标尺，不会因为他人的威逼利诱而违背自己的原则。

仗义救危

朱家，西汉初期鲁（今山东曲阜）人。平素习练刀枪剑法，以武会友，又喜欢行侠仗义，是当地著名的侠士。

秦末，刑法严酷，全国就像一座大监狱，百姓们常常因为小事被重罚，无奈之下，只好背井离乡，四处逃亡。许多人逃到山东著名侠士朱家那里寻求庇护。朱家不分贵贱，都一一收留，加以保护，使之免受官府追究。当时受朱家庇护而存活的人数众多，仅著名的大豪士就数以百计，其他无名之辈，数不胜数，无法确计。

仁慈是心灵美，而不是行为美的体现。——爱迪生

在朱家解救的众多豪士中，以季布最为著名。

秦末农民起义时，季布投奔项羽，成为一员猛将。他多次率领楚军打败刘邦，追得刘邦狼狈而逃，有一次还差点儿俘获了刘邦。

刘邦建立西汉政权后，一直对季布耿耿于怀，于是他悬赏一千两黄金，在全国通缉季布。季布只得改名换姓，四处躲藏，最后逃到了河南濮阳的一个朋友家里。但随着搜捕季布的风声越来越紧，他在河南也待不下去了。这个朋友知道山东的朱家是一位很讲义气的侠士，认为只有他才能解救季布。

于是他想了个办法，把季布装扮成犯罪的奴仆，然后去卖给朱家。

朱家见这人千里迢迢来卖奴仆给自己，就猜到其中必有缘故。后来他仔细一看，发现在他贩卖的众多奴仆中间，有一个人与众不同——虽然身穿囚衣，手戴枷锁，但行动落落大方，面带英武之气，和其他奴仆形成鲜明对比。他料想此人绝非等闲之辈，经再三打听，才知道他就是大名鼎鼎的季布。不过，朱家为了季布的安全，假装什么都不知道。

朱家买下季布以后，对他特别尊敬，一日三餐都用酒肉招待，把他当作上宾。季布十分感激，很佩服朱家的为人。

一眨眼，几年过去了，朱家时时在想：季布在我家里虽然十分安全，但他作为一代名将，才华出众、武艺超群，如果让他一辈子做奴仆而无出头之日，岂不是埋没了人才！因此，他决定想办法使汉高祖刘邦收回通缉令。

当时，朝中有一个人，叫滕公，他和朱家意气相投，关系很密切，朱家想通过他从中帮忙。

朱家见到滕公后，对他说："你知道季布的事吗？"

滕公说："我知道。以前季布为将时，曾几次围困汉王，皇上怀恨在心，一心想要抓到他。"

朱家又问："你认为季布究竟是个什么样的人？"

滕公说："他是个难得的贤人和大将。"

于是朱家接着说："自古以来是人臣各事其主，季布作为项羽的大将，肯定要为项羽拼死作战。我认为不应该把项羽以前的部属全都杀光。现在皇上刚得天下，便因为个人恩怨而让全国上下共同抓捕一个人，

搞得人心惶惶，似乎显得心胸太狭窄了。季布智勇过人，如果追捕过急，他为了活命，可能会北走匈奴，或是南逃越地。让这样的壮士逃入敌国，只会帮助敌国。你为什么不找个机会把这个道理向皇上讲明呢？”

滕公听完后，若有所思地点了点头。一次上朝时，他把朱家所讲的道理奏明给刘邦，刘邦听后很受启发，并立即下令赦免季布，后来还让季布担任郎中、郎将、郡守等职务。

季布做官以后，朱家丝毫不提自己帮过他的事，仍把他当作过路人一样对待。

《汉书·游侠传·季布》

本篇成语解释：

1.【耿耿于怀】形容心中有事，无法排遣。
2.【落落大方】形容人举止自然，不拘谨。
3.【意气相投】志趣和性格相合。

复仇自首

赵娥，又名庞娥亲，东汉禄福（今甘肃酒泉市）人。她虽为女流之辈，却身强体健，生性刚毅，贤孝义烈。

“赵娥疯了！”消息一下子就在街坊邻居中传开了。这些天，人们只要碰见她，就会发现她神情恍惚，常常是泪流满面甚至捶胸顿足、仰天长叹。

一开始人们有些奇怪，但久而久之，也就习以为常了，以为她真的是为家里的变故急过头了，才精神失常。人们在背后不住地摇头叹息：“一个弱女子，家庭遭此不幸，真是可怜啊！”其实赵娥根本没有疯，她神志清醒得很。每天夜深人静的时候，她就在家中磨刀砺剑，苦练武功，为报仇做准备。她发誓说：“兄弟们死了，还有我！只要我还有一口气在，就一定要杀了李寿，报这杀父之仇！”

这到底是怎么回事呢？还得从头说起。

那是东汉灵帝时期，赵娥的父亲赵君安被本县的一个土豪恶霸李寿杀害了。赵娥有三位兄弟，父亲被杀害后，他们都磨拳擦掌，立志为父报仇。但李寿加强了戒备，很少出家门，而且请了很多保镖来保护自己，

因此赵氏兄弟一直没有找到下手的机会。没想到，天有不测风云，赵娥的家乡发生瘟疫，赵氏三兄弟都染上重病，相继含恨死去。

听到这个消息，李寿心里非常高兴，唯一让他担忧的赵氏三兄弟都死了，从此他便可以高枕无忧了！于是他放松了戒备，并在家中大摆酒席，以示庆贺。他还幸灾乐祸地四处说："现在赵家的男人都死尽了，只剩下一个赵娥也疯了，我心中的这块石头总算落下来了！"

赵娥的儿子庞淯在外面玩，听到了李寿的这番话，就回家告诉了母亲。赵娥在兄弟去世以后，就立志要复仇，现在又听说李寿四处扬言，欺侮赵家势单力薄，更是气得浑身发抖。

她脸上淌着热泪，握紧双拳，愤怒地发誓道："李寿小人，不要高兴得太早了！我决不会让你逍遥法外的。我的三个兄弟虽然都不在了，但只要有我在，就不会让你侥幸活着，我一定会亲手杀了你的！"

说干就干，她悄悄地买来长刀短剑，白天装疯卖傻，晚上则在家里练习武功，并一直暗暗地寻找时机。

这一天，机会终于来了。

赵娥在一座茶亭前与李寿不期而遇。看到杀父仇人，赵娥心中的怒火腾地升起，但她强加抑制，依然假装疯疯癫癫地走到李寿的马前。李寿勒住马，幸灾乐祸地说："赵娥，你还记得我吗？"说罢，不禁哈哈大笑。"记得！当然记得！"愤怒的声音使李寿大吃一惊，他看到赵娥恍惚的眼神中忽然闪现出一团复仇的怒火。一瞬间，他全明白了。在极度的恐惧中，李寿掉转马头想从原路逃

走。赵娥大喝一声，抢上前去，抽出藏在身上的短刀，一刀砍在马头上，李寿握着缰绳的左手也被砍伤。那马受到猛烈的一击，立刻惊得狂嘶，前蹄腾空而起，把李寿掀倒在地。赵娥追上去，趁势又是一刀，把李寿的头砍了下来。

赵娥长长地吁了口气，提着那颗头颅直奔衙门投案自首。当地的县令知道李寿平时横行霸道，也知道赵娥一家的冤屈。如今见赵娥杀了李寿，又主动前来自首，一股钦佩之情不禁油然而生。于是，他私自放了赵娥，但由于这样做有违国法，他也只好辞官而去。

《三国志·魏书庞淯传》

本篇成语解释：

1.【幸灾乐祸】别人遭受灾祸自己心里高兴。

2.【横行霸道】形容坏人胡作非为，蛮不讲理。

义不避死

极端公正和善良的心是不属于庸俗的人的。良心的觉醒就是灵魂的伟大。——雨果

庞淯，字子异，东汉酒泉表氏（今甘肃高台县南）人。

前面给大家讲到巾帼义侠赵娥“报仇自首”的故事，而她的儿子庞淯长大后，更是因行侠仗义而扬名天下。由于庞淯名气很大，当时的酒泉（今甘肃酒泉市）太守徐揖还专程派人到庞淯家里，聘请他担任该郡的主簿。

当时，酒泉有一个姓黄的豪族地主，他自恃人多势众，财产雄厚，又同朝中的大官有交情，一向横行乡里，为非作歹，欺压老百姓。当地的老百姓对这家伙恨之入骨，但都敢怒不敢言。

有一次，姓黄的恶霸带着一群狗腿子，骑着马去外面游玩。经过一个集市时，他们故意把马赶得飞快，得意忘形，嘴里还不停地大声叫喊着：“哦！哦——”人们都慌忙躲避，怕被马踩伤。但是有一个耳聋的老人根本没听到马的狂奔声，不幸被马踩倒在地上，一时爬不起来，他捂着伤口气愤地骂了一句：“是哪个挨千刀的，怎么没长眼睛！哎哟，疼死我了！”

不巧这句话被这伙暴徒听到了，他们立即跳下马来，围到老人身边恶狠狠地说：“死老头子，你刚才说什么？居然敢骂我

们！也不看看我们是谁？没踩死你就算你走运了。哦，疼了，是吧？要想不疼，我们倒有个好办法，让你永远不知道疼，现在我们就成全你！”说完便拔出刀把老人杀死了。

围观的百姓都吓跑了，没有一个敢作声，但是内心都非常气愤。消息传到庞淯耳里，他拍案而起，大声说：“这还了得！光天化日之下，竟敢如此猖狂！我一定要严惩这个家伙！”

他立即禀告太守徐揖，说：“不除掉这样的害人虫，难以平民愤！”于是，徐揖命令手下把姓黄的抓来，果断地把他处死了。乡亲们都拍手称快，奔走相告。

那个姓黄的恶霸有个独子，当时正在外地，听到父亲被处死的消息，便秘密地募集了一千多个无赖和亡命之徒，突然杀回酒泉，包围了酒泉城，想置徐揖于死地。

在这紧要关头，庞淯毅然抛下妻子儿女，趁夜深人静之时，突出重围，一路风尘仆仆地赶往敦煌郡，向敦煌太守请求援助。

他跪在地上，恳切地说：“大人，现在徐公处境危险，希望您派兵援救。日后，我一定生死相报！”但太守有些犹豫，迟迟不肯发兵救助。庞淯见到这种情形，急得泪如泉涌。见搬不动救兵，他突然拔出宝剑，仰天长叹：“徐公啊徐公，我对不住您啊！既然我不能在危难之时帮您一把，就再也没有脸面见人了，只有自杀才能不负我一世英名啊！”说完就将剑往脖子上抹去。那太守眼疾手快，一把夺下宝剑。他见庞淯如此坚决，深为感动，于是答应派兵救援。

遗憾的是，援军还未赶到，酒泉城就被恶霸的儿子带人攻破了，徐揖不幸被害。庞淯悲恸欲绝，冒着生命危

险为徐揖收敛了尸首，并安葬好。

最终，庞淯历尽千辛万苦，还是杀死了那个凶手，为徐揖报了仇。人们对他赞叹不止，说他真是一位刚强勇烈的狭义之士。

《三国志·魏书庞淯传》

本篇成语解释：

1.【为非作歹】做各种坏事。

2.【得意忘形】形容人高兴得忘乎所以，失去常态。

3.【风尘仆仆】形容奔波忙碌，旅途辛苦劳累的样子。

4.【悲恸欲绝】悲伤得死去活来，形容悲哀伤心到了极点。

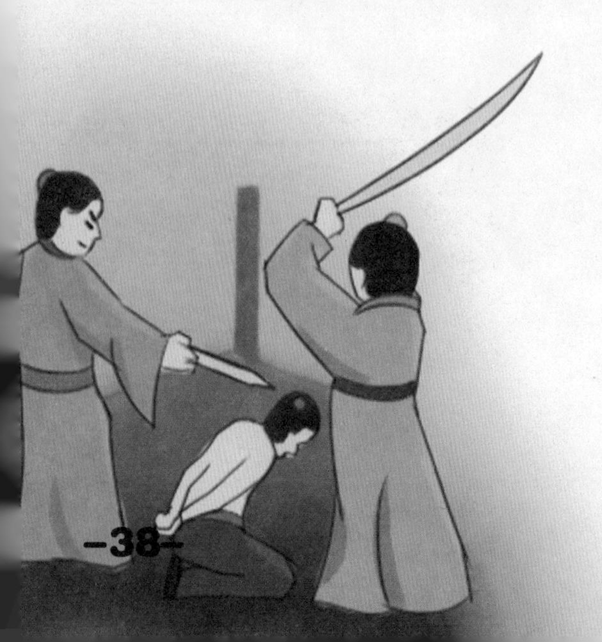

秉义不二

李通(公元168年——209年),字文达,小名万亿,东汉时江夏平春(今河南信阳市西北)人。

大丈夫处世行事,应当坦坦荡荡,光明磊落,像日月那样洁白明亮。——《晋书·石勒载记》

我国古代有许多人都很讲义气,他们讲信用、重交情,能为朋友两肋插刀。东汉末年的李通就是这样一个人。

李通从小就因豪侠仗义而闻名于江汝之间(相当于今天长江与汝河之间的河南南部及湖北北部一带)。东汉末年,战乱连连,李通率领老百姓起兵,但他们不是想夺取霸权,为自己谋私利,而是为了能拥有一支武装力量,保护自己和众多老百姓的利益。远近的父老乡亲知道这一点以后,蜂拥而至,纷纷归附于他,因此李通的队伍很快就发展壮大起来。

李通始终与部下们同甘共苦,从不谋取特权。每当遇到灾荒饥饿,他就把自己的衣食财物全部捐献出来,救助危难的乡亲们,自己和大家一起吃糠咽菜;而每当有盗寇前来洗劫附近的村庄时,他总是冲在最前面,战斗在最危险的地方,勇敢顽强,毫不畏惧。因此,无论是他的部将士卒,还是当地的居民百姓,都对他十分爱戴。

后来,北方枭雄曹操迎接汉献帝迁都许县(今河南许昌市),李通便率领当地百姓,接受了曹操的统一指挥。

曹操十分赏识李通,大有相见恨晚

之感，还经常感叹说：“李通真是个将才啊！要是我早一点儿得到他该多好！”

汉献帝建安五年（公元200年），曹操与袁绍两军在官渡（今河南中牟县东北）相持不下，而且形势对曹军已经非常不利了。袁绍知道李通为人勇敢，作战顽强，于是就派使者前去拜访，想把李通争取过去，并从背后瓦解曹操阵营。

使者见了李通说：“我们的统帅袁将军早就倾慕将军的大名，对您很是佩服，一直想结识您，但苦于没有机会。现在他特意让我来拜见您，要授予您征南将军的头衔。只要您现在跟曹操断绝关系，我们一定让您有享不尽的荣华富贵。再说了，现在的形势对曹操很不利，俗话说‘识时务者为俊杰’，将军是聪明人，当好自为之！”

李通知道袁绍是想拉拢他，但他丝毫不为所动，对使者说：“你先别急，让我考虑考虑。再说，虽然我是统帅，但重大的事情还是得与将军们一起商量啊！”

于是他立即召集众位将领进行商议。在这紧要关头，他的一些亲信部将也开始动摇，有人甚至流着眼泪劝他：“现在我们的形势很危急，曹将军那边形势也不太好，这样的话，我们根本不可能获得支援。如果袁绍发动进攻，我们可就危险了，不如我们都投奔他算了！”

李通一听，非常气愤，马上拍案而起，执剑而立，大声骂道：“你这个胆小鬼，一派胡言！曹公一定会夺得天下！袁绍虽然暂时强盛，但他没有长远的目光，成不了大气候。俗话说，‘一臣不事二主’，我绝对不会去投奔袁绍的。”

李通最终没有背叛曹操，反而更加坚定地为曹操效力。正因为这样，曹操才没有失去众多兵将和重要的地盘，并能够集中力量对付袁绍，最终在官渡之战中取胜。

《三国志·魏书李通传》

本篇成语解释：

1.【蜂拥而至】像蜂群似的拥挤着而来。

2.【同甘共苦】有福同享，有难同当。

面对诱惑却丝毫不为所动，秉持自己的忠义之理，尽心为主，有如此之臣，国家必然会兴盛。

仗义救仇

盖勋，字元固，后汉敦煌广至县人，曾任汉阳长史，后督使徐州。

东汉时期的一天，汉阳长史盖勋正在家中静心读书，管家忽然进来禀报说："老爷，凉州刺史梁大人要见您。"

梁大人就是梁鹄，是盖勋年轻时的好朋友，后来见面不多。盖勋想：梁鹄找我，一定是有什么重要的事情。于是他吩咐管家把客人带到书房。"盖大人，多日不见，您还好吧？我碰到了一桩棘手的事情，正想请您帮忙呢！"梁鹄一进门就说。"梁大人太客气了，说说是什么事让您烦忧了？或许我能帮您想个法子。"盖勋笑着说。

梁鹄见盖勋愿意帮忙，便放了心。他沉思了一会儿说："几天前，有几个不知天高地厚的小吏给我写了一份报告，指控我的下属武威太守倚官仗势、贪污受贿，请求我严加处置。可谁人不知那武威太守的后台是皇亲国戚，我怎么惹得起呢？"说到这里，梁鹄压低声音，对着盖勋的耳朵说，"这个写报告的人就是苏正和，我们干脆找个借口把他杀了，这样什么事都了结了。

您看这么做行不行得通？”

“苏正和？”盖勋听到这个名字，心头一震，好叫人痛恨的名字！往事顿时涌入了他的脑海。十八年前，盖勋的叔叔与苏正和为了一桩田产纠纷闹到官府，结果盖勋的叔叔打输了官司，还遭到关押，最后死在监狱。从此盖家和苏家便结下了深仇大恨。

如今，梁鹄正准备杀掉苏正和。借梁鹄之手除掉宿敌，这可是千载难逢的好机会啊……

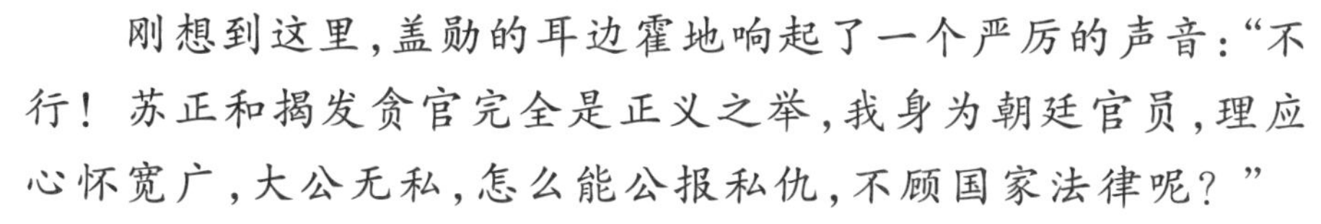

刚想到这里，盖勋的耳边霍地响起了一个严厉的声音：“不行！苏正和揭发贪官完全是正义之举，我身为朝廷官员，理应心怀宽广，大公无私，怎么能公报私仇，不顾国家法律呢？”

“不，我决不能干这种不仁不义的事！”盖勋握紧拳头，暗暗发誓。梁鹄明白了盖勋的意思，又劝他说：“这件事情只有你我二人知道，又何必瞻前顾后呢？您难道忘了当年苏正和欺负你们盖家时那嚣张的气焰？你叔叔死得好惨啊！”

听他这么一说，盖勋的眼前又闪过一幕幕往事。苏正和，你的心好狠啊！想到这些，盖勋的眼泪不禁夺眶而出，但他竭力克制住自己的情绪，恳切地劝告梁鹄说：“治理国家正需要敢于直言的人，你可不能一时糊涂，而做出后悔莫及的事啊！”

梁鹄没有办法，只好满面羞愧地说：“盖大人真是个仁慈宽厚、深明大义的人啊，我不该有这种荒唐的想法。”

由于盖勋仗义劝告，苏正和终于幸免于难。知道这件事后，苏正和心中十分感激，于是他特意备了一份厚礼，亲自送到盖勋家中，并跪在盖勋面前说：“盖大人不计前仇，救小人一

每个人都必须按自己心灵的良心来生活，但不是按任何理想。使良心屈从于信条，或理念，或传统，甚至是内在冲动，那是我们的堕落。——劳伦斯

命，真是令人羞愧。当年我做的事太不应该了，就请大人收下我的一份薄礼，当作我向您赔礼道歉吧！”

盖勋婉言谢绝道：“以前的事就不要再提了，我们现在都是朝廷官员，应当以国事为重。你能直言揭发武威太守的不法行为，难得，难得啊！”

盖勋仗义救仇的故事很快便传为一段佳话，在民间广为流传。

《后汉书·盖勋传》

本篇成语解释：

1.【倚官仗势】指凭借着官位或势力。

2.【千载难逢】一千年也难得遇到。形容机会极难得。

3.【瞻前顾后】看看前面，又回头看看后面。形容做事谨慎，考虑周到；也形容犹豫不决，顾虑过多。

神箭射雕

会最伤心的现象无过于正义的沦亡。——郭沫若

一个人最伤心的事情无过于良心的死灭，一个社

廉范，东汉末京兆杜陵人（今陕西西安东南），字叔度。初受业京师，后举茂才，任太守。

东汉时期的一天，武都太守廉范带上一个仆童去镇江游玩，不知不觉间，他们二人来到了一座山前。登上山，转过山角，来到了一座凉亭。

二人走得累了，便在凉亭里歇息。廉范摇着扇子，悠然自得地观看长江。只见江中白浪滔天、波涛滚滚，往来的船只如一片片叶子漂浮在江面。廉范心中不禁感慨万千："只可惜在当今太平盛世，我这样的英雄没了用武之地啊！"

突然，仆童惊叫一声："大人，您看那些和尚！"

廉范远远望去，只见有十来个和尚，扛着四五具囚笼，朝山下走去。廉范心想："奇怪了，这寺庙里的和尚怎么会有囚笼呢？"他越想越感到疑惑，就对仆童说："我们去看看囚笼里关的到底是些什么犯人？"

于是二人走出凉亭，抄小道飞步下山，躲在林子里面。廉范爬到树上仔细观察。那些和尚抬着囚笼，从那边的大路上走过，后面则跟着一个又高又胖的和尚，提着禅杖，雄纠纠地押着他们下山。囚笼之中全是些书生模样的人。

廉范看得十分清楚，叫了声："罪过！"然后他从弓壶中取出一张弓来，并抽出一支雕翎，扣上弓弦，瞄准后面那个胖和尚，飕的一箭射去。这一箭正中后心，那胖和尚应声倒地。

那些抬囚笼的小和尚们正有说有笑地走着，猛一回头，发现胖和尚倒在地上，都十分惊慌，再仔细一瞧，发现他中了一箭。他们吓得手忙脚乱，不知怎么办才好。

廉范从树上跳了下来，与仆童拿着大刀，大喝一声："秃贼哪里逃？"便飞奔过去。

小和尚们看到两个壮士提着大刀冲来，立刻扔下囚笼，各自逃命。廉范和仆童追上去，逮住了几个，并用绳子将他们捆了起来。

接着，廉范立即用刀将囚笼劈开，放出了关在里面的几个人。他们连忙跪在地上，边给廉范磕头，边说道："大人的救命之恩，我们永世难忘！"

廉范把他们一个个扶起来，说："我可不一定是来救你们命的哦，你们还没有向我交待清楚，这究竟是怎么回事？"

一个年纪稍大的人说："我们都是当地的读书人。地方上有一帮和尚，他们表面上烧香拜佛，实际上却是一些偷鸡摸狗的匪徒，为首的胖和尚被称作'钻山雕'，仗着自己会些功夫就横行霸道。昨天我们去跟他讲理，却反而被他们抓了起来。"

廉范哈哈大笑道："没想到我还真射了一只'大雕'！"

书生们也都跟着笑了。有人问道："请问先生

尊姓大名？”

仆童抢着回答道：“你们真是有眼无珠，连武都太守、大名鼎鼎的神箭手廉大人都不认识？”

廉范连忙喝住仆童：“别多嘴，我们还是离开这儿的好！”说罢，他给几个小和尚松了绑，并告诫他们：“做人要堂堂正正，日后可别再干坏事！”

小和尚们连忙跪在地上说：“大人的恩德，我们铭记在心，今后一定重新做人！”

《后汉书·廉范传》

本篇成语解释：

1.【仗势欺人】倚仗某种势力欺压他人。

2.【大名鼎鼎】形容名声很大。

3.【堂堂正正】原形容强大整齐的样子，现形容光明正大；也形容身材威武，仪表出众。

如能端正了自己，对于处理事情还有什么困难呢？如不能端正自己，怎么能纠正别人呢？廉范便是以身为教的典范。

任何大人物的章饰，无论是国王的冠冕、摄政的宝剑、大将的权标，或是法官的礼服，都比不上仁义那样更能衬托出他们的庄严高贵。——莎士比亚

冒险救难

孙宾硕，东汉时期著名的侠义之士，不畏强权，行侠仗义，救助危难，名扬各地，曾任豫州刺史。

东汉顺帝时期，政治十分腐败，以唐衡为首的一群宦官把持了朝政大权。皮氏县令赵岐因得罪了唐衡而被迫隐姓埋名，四处躲藏，最后来到了北海地区（今山东昌乐西北）。

一天，赵岐头裹灰色布巾，身着一套破烂的旧衫，穿了一条补了又补的旧裤子，经过一番乔装打扮后，来到市集上贩卖胡饼。

刚刚开市不久，他就注意到一位二十多岁的豪侠之士，乘坐一辆小牛车，身后跟着两位骑马的随从，来到市集上左右观看。赵岐不知道这人究竟是谁，便担心是唐衡派出来的密探，不免有些提心吊胆，但他竭力装出一副若无其事的样子，避免让人发现。

不料这人看到赵岐，便径直走了过来，指着摊位上的胡饼轻声问道："我有一批胡饼，你想不想贩卖？"

赵岐慌忙回答说："好，我卖。"

那人接着又问："多少钱一

斤买我的？你再多少钱一斤卖出去呢？”

赵岐毕竟不是一个生意人，经不住他的反复盘问，一时慌张，竟回答道：“买也三十，卖也三十。”

那人听赵岐这么一说，又看到他脸上惊恐的表情，便上前一步压低声音说：“我早就看出您不是一个卖饼的人，还真没猜错。”说着，便吩咐两位随从打开牛车的后门，把赵岐扶到车内。赵岐心想：这次落入唐衡手中，真是自投罗网！

那人上车后，关上车门，放下车前的帷帘，又小声说道：“看您的样子，肯定不是一个卖饼的。现在您脸色都变了，想必是一个逃命的人吧？”

赵岐认为自己反正是死路一条，便索性说了实话：“我就是你们要抓的皮氏县令赵岐。”

那人听后，先是一怔，然后说：“您就是赵大人啊！我是北海的孙宾硕，家有百岁的老母，她老人家常教诲我要勇于助人。”

赵岐这才明白过来，原来这人就是当地著名的侠义之士孙宾硕。对孙宾硕，赵岐早已有所耳闻，如今听他一番自我介绍，终于打消了疑虑，于是把唐衡要杀自己一家的事告诉了他。

孙宾硕听了赵岐被唐衡追杀的事情，非常同情他，便说道：“唐衡这帮家伙不会有好下场！赵大人，您就先到我家里躲一躲！”

于是，孙宾硕驾着牛车回到家中。进屋之后，他先向百岁老母亲禀告道：“我今天救了一位被坏人追杀的朋友，就请他到家里来了。”

老人家听说儿子救助了别人人，非常赞赏，忙让他请

赵岐进来。接着孙宾硕又备好酒席，殷勤款待，为赵岐压惊。两人就像多年的老朋友一样，互相倾诉着自己对唐衡一伙官官横行霸道的愤怒。

两天后，为了安全，孙宾硕又把赵岐转移到乡村僻静的地方，并隐藏在一堵夹墙内，将他保护了下来。直到唐衡一伙被铲除后，赵岐才重见天日。

《魏略·勇侠传》

本篇成语解释：

1.【隐姓埋名】不用真名而用化名。

2.【若无其事】没有那回事儿一样，形容态度镇静或不把事情放在心上。

帐下壮士

典韦，东汉末年陈留己吾（今河南商丘市宁陵县己吾城村）人，形貌魁梧，力气过人，自幼喜欢打抱不平。后投奔曹操，任都尉。

建安二年，曹操讨伐张绣。张绣兵败之后，听从了谋士们的建议，假意向曹操投降。

曹操十分高兴，于是设下筵席，欢迎张绣及其部下。曹操依次向他们敬酒，在他身后，跟着一位手持大斧的汉子，他就是都尉官典韦。

典韦握紧斧柄，横着眉头，怒目相视。那把斧子的刃有一尺多宽，闪着寒光，吓得张绣及其部下都不敢抬头看。他们本想借这个机会杀死曹操，但见到典韦那凶神恶煞的样子，都不敢轻举妄动。

十多天后，张绣准备再次发动叛乱，但典韦始终不离曹操左右，这对他们来说，实在是一个巨大的威胁和障碍。于是，经过精心策划、周密安排，张绣设下了一个圈套。

一天，张绣派人请来典韦，设宴盛情款待，向他表示敬意。席间，张绣等人频频举杯，轮着劝酒。典韦向来豪爽，便一杯杯地喝下去，不知不觉间，便有了几分醉意。

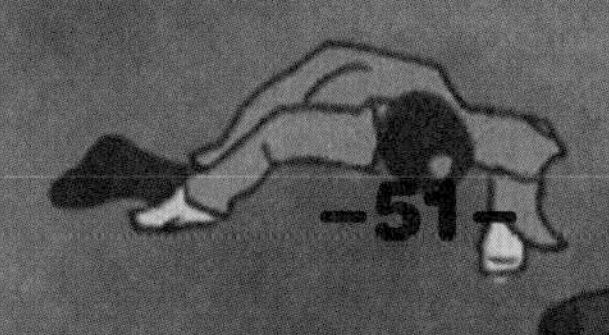

世上惟有一个真理：便是忠实于人生，并且热爱人生。——罗曼·罗兰

趁这时候，张绣派人暗地里潜入典韦的房间，偷走了他的武器——大斧和双铁戟。半夜时分，正当典韦醉醺醺地沉入梦乡之时，张绣带着一批精壮的士兵偷袭曹操的营帐。

曹操从睡梦中惊醒，仓皇应战，并大声呼喊："典韦，快来救我，典韦！"

典韦迷迷糊糊地睁开双眼，只听见一片厮杀声。他连忙去拿自己的武器，却发现大斧和双铁戟都不见了。他只好从一位士兵手中抢过一把腰刀，冲到曹操的营帐前。敌兵接二连三地涌上来，他连砍二十多人，守卫在门前，岿然不动。

叛军再度进攻，于是典韦指挥手下十多名壮士，殊死决战，个个以一当十，保护曹操。曹操趁机跨上自己的千里马，从后门逃了出去。面对众多的叛军，典韦手握腰刀，左右击杀，敌兵顿时死伤无数。但是典韦也身受重伤，渐渐地觉得体力不支。他对几名壮士说："你们守住后门，不要让他们去追曹丞相。"

敌人蜂拥而上，把典韦团团围住。典韦也毫不手软，来一个，杀一个，咬紧牙关和他们搏斗。

突然间，典韦扔出自己的腰刀，迅速抓住上来进攻的两名敌兵，用猛力撞击。两名敌兵被撞得脑浆迸裂，倒在地上。这一下把敌兵吓坏了，他们都惊慌起来，不敢再上前攻击典韦。

典韦趁机大喝一声，抄起一支长矛，迎面冲入敌群，一连刺杀了几十人，最后因伤势过重，倒在了血泊之中。

敌人一齐围拢过来，砍下了典韦的头颅，争相传看。只见他仍然怒目

圆睁，横着眉头。敌人无不为他的勇猛而惊叹："典韦可真是少见的壮士啊！"

后来，曹操得知典韦孤身一人坚持战斗，最后不幸身亡的消息，万分悲恸。他设法找到典韦的躯体，并派人送回他的故乡，将他隆重安葬。

《三国志·典韦传》

本篇成语解释：

1.【轻举妄动】不经慎重考虑，轻率地采取行动。

2.【岿然不动】像高山一样挺立着一动不动。形容高大、坚固，不可动摇。

3.【不计其数】无法计算数目，形容很多。

君主一生，得典韦一臣，绝无憾言，典韦的壮烈毫无疑问的震撼着世人的内心。

义士争死

王思、梁习，三国时期陈郡柘城(今河南柘城)人，曾同任魏国西曹令史，后升任刺史。

三国时期，济阴人王思和梁习都在魏国担任西曹令史。他们俩在共事期间结下了深厚的友谊。

有一天，王思在值班时碰到了一件比较麻烦的事情：他一气之下，说了一番不得体的话，违背了皇上的旨意。皇上知道后大发雷霆，立刻派人去追查这件事，并声称要处死敢得罪他的人。

负责拘役的官吏受命去缉拿王思，刚好王思不在，由梁习值班。梁习问清原由之后，凛然说道："我就是你们要抓的西曹令史，请便吧！"

结果，梁习就被抓去见皇上。皇上怒骂道："一个小小的西曹令史，竟敢谈论我的不是，真是胆大包天！"

梁习十分平静地回答说："臣知道自己的罪过，甘愿接受皇上的任何惩罚！"

皇上沉思了一会儿，心想：这人还有点儿骨气，就下令先将他拘捕起来，打入牢里再说吧。

王思得知好友梁习被捕后，

心急如焚，立刻赶往宫中。见了皇上，他气喘吁吁地说："皇上，那天说您坏话的是我，不是梁习，他是替我顶罪的。皇上开恩，放了他吧，他是无辜的！"

王思这么一说，把皇上给搞糊涂了，他生气地说："你们这两个西曹令史究竟是怎么回事？来人，都给我抓起来！"

就这样，王思也被抓进了大牢，又刚好和梁习关在同一间牢房里。两人一见面便抱头痛哭起来。

王思生气地对梁习说："那事是我干的，你凭什么替我顶罪？"

梁习拍着王思的肩膀，悲伤地说："你是我的好朋友，我怎么忍心看着你去死呢？"

王思说："一人做事一人当，我做错了事，却让好朋友去顶罪，天下的人会笑我不义，骂我不是条汉子的！"

梁习却争辩道："你上有八十岁的老母，下有妻子儿女，他们都需要你去照料。反正我孤身一人，就让我替你去死吧！"

王思说："不行，绝对不行！我死后，就请你代我赡养我的母亲，照顾我的妻子儿女，拜托了！"

两人你争我吵，还是没个结果。

不久后，这件事传到了皇上那里，他感慨万分地说："想不到我们国家竟然还有这样的义士！"

第二天，皇上下令传王思和梁习进宫。皇上说："梁习啊梁习，你为什么不说明真实情况呢？如果我当初性急一点儿，就把你给错杀了啊！"接着，皇上又对王思说，"你总算是勇于担当的人，要不然，我就成了错杀无辜的昏君。"

能有这样两位讲义气的军官，也是国家的大幸，皇上自然不想杀他们。虽然皇上心里十分高兴，但他故意生气地说："王思乱说我的坏话，梁习不讲实情，拉下去各打十大板！"

这件事就这样了结了。

后来，皇上又同时把他们二人提拔为刺史，并由王思负责治理豫州。

《三国志·梁习传》

本篇成语解释：

1.【大发雷霆】比喻大发脾气，高声训斥。

2.【光天化日】原形容太平盛世。后来指大庭广众，是非、好坏谁都看得清楚的场合。

3.【心急如焚】心里急得像火烧一样。

宁死不折

陈容，三国广陵射阳人，曾跟随臧洪任东郡辅佐官，后因惹恼了袁绍而被诛杀。

三国时期，大将军袁绍十分欣赏一个叫臧洪的人，想说服他为自己做事。没想到臧洪却大骂袁绍，说他是个狼心狗肺的奸臣。

臧洪有一个同乡叫陈容，相貌秀气，聪颖过人，在当地也是有名的才子。他十分仰慕臧洪的道德和学问，经常向他请教，后来还跟随臧洪做了东郡的辅佐官，所以两人的关系十分亲密。

袁绍知道臧洪终究不会为自己所用，于是决定将他杀掉。一天，袁绍布置好刑场，将臧洪绑在木板上，并特地把陈容叫来观看。

这时臧洪已经被袁绍的手下打得皮开肉绽，但他仍然气宇轩昂，毫不畏惧。陈容眼看着自己敬爱的臧洪面临死亡，不由得失声痛哭起来，他冲上去抱住臧洪说："大人，你不该去死啊！他们怎能这样对你？"

袁绍心想，这陈容如此佩服臧洪，恐怕日后也不会归附我了，便叫道："陈容，你怎么能和死囚混在一起呢？快过来！"

动物有知觉却没有仁义，人正因为有气息、有生命、有知觉，而且还有仁义，故而是万物之重。——《荀子》

陈容听后又气又恨，便转过身来对袁绍说：“将军起义是要成就大事业，为天下人除掉奸贼的，可如今却要杀害忠义之士，这难道符合天理吗？”

袁绍感到十分难堪，连忙说：“我这也是为民除害，实在是没有其他办法啊。”

陈容更加气愤，指着袁绍的鼻子说：“好一个‘为民除害’！臧洪担任郡将后，忠心耿耿，有谁不知道他的才干和品行，你凭什么要杀他？”

一番话说得袁绍更加羞愧。他立即派人把陈容拉出去，然后对他说：“你与臧洪并不是同辈中人，你这样替他说话也是徒劳的！”

陈容说：“即使我的话没有一点儿作用，我也要为他伸张正义！”

袁绍只好赔着笑脸说：“我知道你们关系好，但我可以保证，只要你愿意为我效力，郡将的位子就属于你了！”

陈容看了看天，然后冷笑一声说道：“你看看，乌云滚滚，就像要压下来似的，想必老天爷也有一双明亮的眼睛，对你的做法极为不满！”

袁绍也看了看天，然后恶狠狠地说：“你不要再耍嘴皮子了，你要是不跟我走，就不要怪我不仁不义了！”

陈容坦然答道：“讲仁义的就是品德高尚的人，违背仁义的就是不道德的小人。我今天宁可与臧洪同日而死，也不愿与你在同一片天空下存活！”

袁绍气得七窍生烟，立刻下令将臧洪和陈容一并斩首。在场的人无不叹息，私下议论说：“为什么一天内杀死两位义士啊？”

没多久，响雷轰鸣，震天动地，一阵狂风过后，便下起了滂沱大雨。袁绍的人马四散而逃，奔回家去。袁绍暗地里哀叹：“难道我杀了他们二人，真的是有悖天理？”

为了挽回面子，袁绍将臧洪和陈容好好装敛，合葬在一个山顶上。

《三国志·陈容传》

本篇成语解释：

1.【狼心狗肺】比喻凶狠毒辣或忘恩负义。
2.【皮开肉绽】皮肉都裂开了。形容遭受毒打伤势极重。
3.【气宇轩昂】形容人精神饱满、气度不凡。
4.【七窍生烟】眼耳口鼻等七孔都起火冒烟。形容气愤到了极点。

“为民除害”岂是说说便可令人信服！“仁义”二字又岂能随意挂在嘴边，遵守仁义是君子，违背则是小人。与小人为伍，又怎能看见朗朗乾坤。

闻鸡起舞

祖逖(公元266——321年)晋朝名将,汉民族英雄。

祖逖是个胸怀坦荡、具有远大抱负的人。可小时候他却是个不爱读书的淘气孩子。进入青年时代，他意识到自己知识的贫乏,深感不读书无以报效国家,于是就发奋读书。他广泛阅读书籍,认真学习历史,从中汲取了丰富的知识,学问大有长进。他曾几次进出京都洛阳,接触过他的人都说,祖逖是个能辅佐帝王治理国家的人才。祖逖二十四岁的时候，曾有人推荐他去做官,但他没有答应,仍然不懈努力读书。

后来，祖逖和幼时的好友刘琨担任司州主簿。他与刘琨感情深厚,不仅常常同床而卧,而且还有着共同的远大理想:建功立业,复兴晋国,成为国家的栋梁之才。

一天半夜里,祖逖在睡梦中听到公鸡的鸣叫声,一脚把刘琨踢醒,对他说:“你听见鸡叫了吗？半夜听见鸡叫不吉利,我

偏不这样想，咱们干脆以后听见鸡叫就起床练剑如何？”刘琨欣然同意。于是他们每天鸡叫后就起床练剑，剑光飞舞，剑声铿锵。春去冬来，寒来暑往，从不间断。功夫不负有心人，经过长期的刻苦学习和训练，他们终于成为能文能武的全才，既能写得一手好文章，又能带兵打仗。

祖逖礼贤下士，体恤民情。即使是关系疏远、地位低下之人，也施布恩信，予以礼遇。将士“其有微功，赏不逾日”。祖逖在治区内劝督农桑，恢复农业生产；在军队中一直实行且战且耕，以耕养战，以减轻人民的负担。祖逖自身生活俭朴，自奉节俭，不畜私产，其子弟与战士一样参加耕耘、背柴负薪。他还收葬枯骨，加以祭奠。因此，祖逖受到当地人民群众的拥护和爱戴。

由于祖逖策略得当，民众归心，所以不出几年，基本上收复了黄河以南地区。刘琨在写给亲戚的信中，大力称扬祖逖的威德，晋元帝也下诏擢升他为镇西将军。

祖逖领导下的北伐军依靠着群众的支援，同占据绝对优势的敌人苦战四年多，北伐军也由小到大，越战越强，成为一支威震胡人的劲旅。

公元321年，祖逖含恨离开了人世，享年五十六岁。中原人民听到他逝世的消息，万分悲痛，许多地方还为他修建了祠

一个人如果单靠自己，如果置身于集体的关系之外，置身于任何团结民众的伟大思想的范围之外，就会变成怠惰的、保守的，与生活发展相敌对的人。——高尔基

堂。祖逖领导的北伐虽然没有完全取得胜利，但打击了胡人的气焰，使东晋王朝统治得以巩固。他为国献身的精神，长留青史，千百年来一直受到人们的敬仰和赞颂。

《晋书·祖逖传》《资治通鉴》

本篇成语解释：

1.【闻鸡起舞】听到鸡叫就起来舞剑。后比喻有志报国的人及时奋起。

2.【礼贤下士】对有才有德的人以礼相待，对一般有才能的人不计自己的身份去结交。

祖逖素怀大志、忧国忧民。闻鸡起舞，勤学苦练，终于成为能文能武的全才。想要成就事业，就要努力。不经过努力奋斗，不能成就事业。

卓荦不羁

李白(公元701年——762年),字太白,号青莲居士。唐朝诗人,有“诗仙“之称,是伟大的浪漫主义诗人。

天宝初年，李白结识了贺知章。贺知章将李白引见给唐玄宗,玄宗看了李白的诗也赞叹不已,就在金銮殿上召见李白。当他远远步上台阶时，唐玄宗竟然走上前去迎接李白。谈到当时的政事,李白也能当场根据唐玄宗的意思,写出“和番书”,而且能一面口若悬河地与玄宗谈话,一面手不停笔地写下来,唐玄宗大为高兴,任命他为翰林。

一天晚上,唐玄宗带着宠妃杨玉环,乘月色观赏移植到沉香亭的四株名贵牡丹。他们在花香月色之中，饮酒歌舞。李龟年正张罗着管弦班子准备唱的时候,唐玄宗说:“赏名花,对妃子，此情此景怎能再唱旧词？”于是命李龟年拿着金花笺赐给李白,让李白赶紧写词(也就是配合歌唱的七言律诗)。哪想到此时李白与几个好友喝醉躺在酒楼里。李龟年赶快用冷水激醒他,叫人把李白架进兴庆宫,半醉半醒的李白,写下了三首《清平调》:

云想衣裳花想容,春风拂槛露华浓。
若非群玉山头见,曾向瑶台月下逢。
一枝红艳露凝香,云雨巫山枉断肠。
借问汉宫谁得似？可怜飞燕倚新妆。

名花倾国两相欢，长得君王带笑看。
解释春风无限恨，沉香亭北倚阑干。

李白古体诗超凡脱俗，玄宗很是高兴，于是让李白以“宫中行乐”为题写十首五言律诗。李白醉意朦胧中，也明白皇帝在试他的本事，就对唐玄宗奏道：“臣今天不巧已醉，倘若陛下赐给我无畏的胆子，这才能尽情发挥臣的薄技。”

玄宗一笑：“好吧！”就叫两个内侍扶住摇摇晃晃的李白，再让两个内侍按住朱丝为栏的稿纸。李白命令道：“杨国忠，快给我捧墨！高力士，快把我的靴子脱了！”

杨国忠是杨贵妃的哥哥，高力士是当时最得宠的宦官，这两位是皇上的心腹宠臣，朝中大臣也没人敢这样无礼，李白岂不是狂妄到不想要脑袋了！但唐玄宗当时心情特别畅快，又见李白的律诗能在醉意中写得那么完美，就让杨国忠和高力士去伺候李白。高力士给李白脱了靴子，李白在席上坐下。杨国忠捧过研好的墨来。李白拿过笔略一沉思，便手不停笔地又写了十首《宫中行乐词》。

唐玄宗读了很高兴，马上让乐师谱曲，让乐工演唱。杨国忠和高力士哪儿能忍下这口气，虽然表面上侍候李白，心里早把李白咒了无数遍，准备伺机收拾李白。李白写完诗就睡着了。李龟年配着李白的诗唱着清平调，杨玉环见那些诗也全是称赞自己的美丽，也与玄宗尽情赏花才回去。

过了两天，杨玉环一个人唱那几支清平调玩的时候，高力士乘机说：“我还以为娘娘对李白恨之入骨呢，怎么您会唱他的词？”杨玉环很奇怪地问：“他一个翰林学士，怎么能使我恨他到这个地步呢？”高力士说：“第二首《清平调》里有‘借问汉宫谁得似，可怜飞燕倚新妆’，那不是把您比作秽乱汉宫的赵飞燕了吗？”杨玉环想想也有道理，从此，每当唐玄宗想重用李白时，杨玉环总在一旁阻止。

李白等了很长时间不见皇帝重用，便猜到一定是有人从中作梗，就干脆向唐玄宗辞去翰林的差事。唐玄宗虽然爱惜李白的才能，但什么事也比不上杨玉环重要，既然她讨厌李白，就只好赏给李白许多黄金让他出京游历。

从此，李白云游四方，浪迹天涯去了。

《新唐书·李白传》

本篇成语解释：

1.【口若悬河】讲起话来滔滔不绝，像瀑布不停地奔流倾泻。形容能说会辩，说起来没完。

一个人有了远大的理想，就是在最艰苦困难的时候，也会感到幸福。——徐特立

割股饲友

李绩（公元594年——669年），本姓徐，名世绩，字懋功，亦作茂公，曹州离狐（今山东荷泽县）人，唐初大将，身高体壮，颇具将帅之才，官至司空。

唐朝初年的一天，天色阴暗，北风吹得呜呜直响。

刑场上聚集着围观的人群，他们都在窃窃私语：“单将军武艺超群，是难得的将才。可惜，可惜，世间又要少一个人才了！”

刽子手已经提起鬼头刀，马上就要行刑了。突然，从人群中阔步走出一个人，大声喊道：“慢！我有几句话要跟单将军说。”

人们纷纷把目光投向这个人。只见他身高八尺，生得浓眉大眼，满脸胡须，双目内陷，颧骨外凸，当真是相貌奇伟！他就是当时著名的侠义之士李绩。即将被处死的是他的同乡好友单雄信。

这天一早，李绩就来到了刑场，要为单雄信话别送行。看到刽子手就要行刑，他再也忍不住了，于是便走上前去，想跟单雄信多讲几句话。

李绩走到单雄信身边，一把抱住他，号啕大哭起来。然后，他对单雄信说：“我的好兄弟，恨只恨我不能救你。今天你我就要分别了，我没有什么送给你的。我知道，在监狱里是没有肉可以吃的，我就拿块肉给你吃吧，希望你不要嫌弃！”

说完，他猛地抽出佩刀，一把撕开裤子，唰的一刀从自己

卑鄙小人总是忘恩负义的：忘恩负义原本就是卑鄙的一部分。——雨果

腿上割下一块肉来，递给单雄信。见了这种情景，人们都惊叫起来：“啊——”

李绩像没事一样，呜咽着继续对单雄信说：“兄弟，你一定要吃下这块肉，不然，我会愧疚一辈子！”

单雄信含泪接过鲜血淋淋的肉块，边哭边说：“你真是我的好兄弟啊！能与你结成知己，真是三生有幸。你为了救我，已经竭尽全力，这份情义我只有来世再报了，希望兄弟你好好照顾自己。回去吧，我走了。”

单雄信神态非常镇定地说完这番话后，就从容就义了。

那么单雄信到底犯了什么罪呢？为什么会被处以死刑？

事情原来是这样的：李绩和单雄信是同乡好友，隋末农民起义时，他们一开始都在将军翟让手下带兵打仗，但后来李绩投奔了李渊，而单雄信则投奔了另外一个姓王的将军。起初，单雄信多次打败李渊，李渊感到十分恼火。后来在一次交战中，李渊的军队打败了单雄信所在的部队，并俘虏了单雄信及其主帅，按照军规，单雄信要被处死。

李绩得知消息后，十分难过。作为朋友，他也决不愿袖手旁观，于是就上书已成为唐高祖的李渊，说单雄信是一个不可多得的将军，处死了太可惜，请求赦免他，让他为国家效力。但李渊决心已定，怎么也不肯答应。

单雄信被处死后，李绩把他的子女抚养成人。

《旧唐书·李绩传》

本篇成语解释：

1.【从容就义】非常镇静，毫无畏惧地为正义而英勇牺牲。

2.【袖手旁观】把手放在袖子里，站在旁边观看。比喻置身事外。

胡证解围

胡证，字启中，唐朝河中河东（今山西永济）人，膂力过人，性情豪爽，见义勇为，好打抱不平。官至工部侍郎。

街角处有一家酒店，客人们来来往往，络绎不绝。有个人行色匆匆地骑着马从酒店前经过，见天色已晚，决定在酒店歇一宿。他叫胡证，是当时一个著名的民间侠士，喜欢打抱不平。

进酒店后，胡证要了饭菜和一壶热酒，埋头就吃。突然楼上传来叫喊声，而且声音越来越大，吵得人难以忍受。胡证叫来老板，问是怎么回事。老板连忙赔着笑脸说："楼上有一位书生打扮的客官来得较早，他订了临街靠窗的一个席位。刚才来了一群当地的官家子弟，他们想要那位书生坐的席位，但被书生拒绝了，他们就借口比酒量，谁的酒量好，谁就得那个位置。其实他们是想灌醉那位客官，好占他的席位。这些官家子弟一向专横跋扈，我实在不敢惹他们，只是劝了几句，但是没有用。唉！吵得您不得安心，希望您见谅！"

胡证本来就血气方刚，又听说是一群恶少在欺侮一个书生，当下气上心头。他一拍桌子，跳了起来，三两步跨上楼梯，大喝一声"慢——"

恶少们正十分得意，突然间听见喊声，连忙回头。只见楼梯口昂然站着一个人，这人身材魁梧，浓眉大眼，浑身透着一股英气。恶少中有一个自恃懂点儿拳脚的人说："你进来凑什么热闹？"

胡证怎么会被他们吓倒，他转眼间便到了桌边，说："要比喝酒吗？我替这位先生喝！"说完接连端起三大碗酒，一口气喝了个精光。恶少们见状大惊失色，一时被吓住了，个个瞠目结舌，半天不作声。

胡证见镇住了恶少们，搬过几坛酒来坐在桌边，又从桌旁拿过铁灯架放在膝上，对恶少们说："现在我和你们六个人轮流喝，谁不喝得现出坛底，我就用这个家伙揍他！"

于是，他自个儿先喝了一坛，把酒坛倒扣在桌上，然后要恶少们也喝。他们哪里喝得完，只有两个勉强喝了半坛，其余的都只喝了一点点。胡证毫不留情，就要用铁灯架揍他们。恶少们见不是对手，齐刷刷地跪在地上求饶。胡证也见好就收，对他们说："你们给我记着，以后不要仗着人多势众，就欺侮文弱书生，否则被我遇见了，我绝不留情！"说完便拔出宝剑，把铁灯架削成了两截。

恶少们战战兢兢地从地上爬起来，屁滚尿流地仓皇逃走了。酒店的人们见状，都拍手称快，不住地夸奖胡证。

那个书生打扮的人，原来是朝廷大臣裴度。这次微服私访，却没想到在酒店饮酒时被一群恶少欺侮，幸好胡证帮他解了围。

裴度对胡证自是感激不尽，深深佩服他的侠义精神，后来推荐胡证做了个武官。

《旧唐书 · 胡证列传》(卷一六三)

《新唐书 · 胡证列传》(卷一六四)

本篇成语解释：

1.【络绎不绝】形容车船人马等前后相接，往来不断。

2.【血气方刚】形容年轻人精力旺盛。

3.【瞠目结舌】瞪着眼睛说不出话来。形容极端惊讶或窘迫。

胡证，自身孔武有力，却能将其用在正道，帮助素不相识的人，是一个真正的侠士的行为。

赤胆报国

杨氏，唐建中年间项城县令李侃之妻，因守卫项城有功而受人称颂。

谁说女子不如男？自古就有许许多多不让须眉的巾帼，她们赤胆忠心，报效国家。唐朝的杨氏就是这样一位忠烈的女子。

有一年，淮宁节度使李希烈发动叛乱，攻下了汴州，并起兵攻打项城。李希烈的几十万叛军声势浩大，项城县令李侃有些心虚，认为自己兵力微弱，没有能力抵抗，想弃城而逃。回家后，他跟妻子杨氏提了这件事。杨氏听后非常生气，严厉地说："敌人来了，哪有不抵抗的道理？你身为父母官，没有理由逃走。"

李侃叹了一口气说："项城是个巴掌大的小县，粮食缺乏，兵力不足，你叫我如何抵抗？"

杨氏斩钉截铁地说："无论如何都要守住项城！如果敌人占领了它，城再小，也变成了贼城；粮食再少，也变成了贼粮；百姓人数再少，也变成了贼民。这样对国家更为不利！不要再犹豫了，好好准备守城吧！"

杨氏的一席话，激励了李侃抗敌守城的决心。他把城里的官兵和百姓统统召集到衙门里，对他们说："今天我虽然是这里的长官，但过几年，我也许会被调走，像流水一样离开项城。但你们都是这里土生土长的百姓，祖宗的坟墓也在这里，大家肯定不愿把这座城交给叛贼，所以我们要和敌人拼到底！”

在场的人噙着热泪，情绪激昂，决心即使自己的鲜血染红城墙，也要保卫家乡。李侃见大家的积极性这么高，就趁热打铁，说：“练过武的人，就用刀剑杀贼；没练过的人，就用石头瓦片袭击敌人。我一定会重赏有功之人的！”

第二天，叛军开始攻城。战斗非常激烈，杀得天昏地暗。杨氏率领妇女们煮了一大锅一大锅的米饭，送给守城的将士们吃，她还分派一批妇女为受伤的士兵包扎伤口。

杨氏忙上忙下，累得上气不接下气，突然，她感到一阵头晕，但她还是咬紧牙关坚持着。一位士兵见她脸色苍白，气色不对，便问道：“李夫人身体不舒服吗？您还是坐下来歇会儿吧！”

杨氏摆了摆手说：“你们守城正处在关键时刻，我哪能一个人休息？”她喝了几口凉水，猛吸了几口气，就又继续为士兵运送茶水和米饭。

将士们被杨氏的精神感动了，大家同仇敌忾，更加勇猛地投入战斗。小小的项城竟像一根铁柱一样，深深地插在那儿，岿然不动。

叛军恼羞成怒，发疯似的猛攻起来。几百名弓弩手排成几行，向城头放箭，箭像雨点儿般落在城内，一部分贼兵还开始登城。就在这危急时刻，李侃突然中箭，伤口处鲜血直流。几个士兵把他

抬下城来。杨氏见了勃然大怒，责备他们说："当官的不在城头，谁来指挥作战？就是死也要死在城头，不能给项城百姓丢脸！"

说罢，她搀扶着李侃，一步一步登上城头，指挥士兵作战，她还亲自搭起弓箭，向敌人射去。她见敌兵中有一个人骑着马指手画脚的，料想他一定是个将领，便瞄准目标一箭射去，那人应声倒地。

敌兵失去了统兵的将领，顿时乱作一团，不得不撤退。项城终于守住了。

后来，李侃因守城有功，被提升为太平令；而杨氏也以烈女的美名被载入史册。

《新唐书·烈女书》

本篇成语解释：

1.【天昏地暗】(本文里)形容程度深、厉害。

2.【恼羞成怒】因羞愧和恼恨而发怒。

3.【指手画脚】形容说话时兼用手势示意。也形容轻率地指点、批评。

精神好比火星，星星之火可以燎原，正是因为有了杨氏的精神感染，才使得周遭的人自我觉醒，团结抗敌。

打抱不平

宣慈寺门子，唐代末年京师长安之义侠，虽不记姓氏，然其义惩恶少之名远扬。

唐僖宗乾符二年阳春三月的一天，曲江河畔一派春光，杨柳垂岸，鸟语花香。几位中了举的书生正在举行盛大的庆贺宴会，亲朋好友欢聚一堂。只见觥筹交错，十分热闹。

突然，一位身着黄衫的少年骑着一匹小黑马冲到了宴席中间。他拿着一把长剑，装出一副蛮横的样子，连招呼也不打一个，就坐在一张桌子上大声喊道："给我来一碗酒，听见了没有？"

大家正喝得高兴，却半道闯来这样一个大煞风景的家伙，都十分生气。而这家伙却一点儿也不在乎，从另一张桌子上抓起一壶酒，咕咚咕咚地狂饮起来，又用脏兮兮的手抓起席上的肉，大块大块地往嘴里塞，好像宴席上只有他一个人似的。

一位书生强挂着笑脸，走上前去很有礼貌地对他说："请问客官尊姓大名？"

这家伙眼睛向上瞟了一眼，连理都不理。一会儿后，他又开始用下流话骂起人来，还不时地发出一阵狂笑。

一种美德的幼芽蓓蕾，这是最宝贵的美德，是一切道德之母，这就是谦逊；有了这种美德我们会其乐无穷。——加尔多斯

正当他放肆的时候，突然“啪“的一声，他的脸颊上被重重地打了一耳光。这恶少顿时两眼发黑，他刚准备还手，又一个更狠的耳光跟了过来。等他站稳之后，才发现打他耳光的是一位白发苍苍的老人。他抹了一下嘴巴上的油，然后抽出剑，对准老人说：“我看你这糟老头是活得不耐烦了，本少爷今天就送你上西天！”

老人神情自若，回答说：“你这没教养的家伙，不知悔改，光天化日之下还想在这里撒野，我今天就教训教训你！”

没等老人说完，这家伙就挥剑刺去，老人侧身一晃，就躲过去了。这家伙一连刺了几下，都没有伤着老人半根毫毛。就在他停下来喘气的一瞬间，老人却紧紧地抓住了他的手，把他按倒在地，并迅速地将他的剑夺了过来。

大家早就忍不住了，见这家伙被打倒在地，便一拥而上，殴打起来。你一拳、我一脚，打得他哎哟哎哟直叫，没多久他就被打得奄奄一息了。

就在这时，一位身着紫袍、大官模样的人由一个随从跟着，迅速地冲了过来，一边跑还一边喊：“打不得呀！打不得呀！快住手！”

但谁都不理睬他们。

这位官员把大家拉开后，就问是谁把那家伙打倒在地的。老人站了出来，直爽地说：“我是宣慈寺的门子，见他骄横无理、欺人太甚，实在是看不下去了，所以才稍微教训了他一下。”

这位官员十分慌张，轻声对大家说：“这事谁都不要张扬，他是刺史大人的公子！至于老人家您就赶快离开这儿吧，否则会没命的。”

老人冷冷一笑，说：“要杀要剐，请便！”说罢，便扬长而去。

好长时间过去了，终不见有人来追查这件事，只是在公开场合，谁也没有再见到那位黄衫恶少的身影了。

《唐摭言》

本篇成语解释：

1.【觥筹交错】筹：喝酒时行令用的竹片。酒器和酒筹交错起落。形容相聚饮酒的热闹场面。

2.【大煞风景】败坏兴致。

3.【奄奄一息】气息微弱的样子。形容将要死亡。

4.【欺人太甚】欺负人太过分了，令人不能容忍。

救死扶危

黄巢，曹州冤句（今山东曹县西北）人，唐末农民起义的著名领袖，扶危济困、解民倒悬的义侠，后牺牲于山东泰山狼虎谷。

黄巢是唐朝末年农民起义的领袖，他是一位乐于助人的英雄。今天，在山东一带仍广泛地流传着他救人于危难之中的故事。

一个初冬的夜晚，月色朦胧，一队人马在荒山野岭中飞奔，为首的就是黄巢。路过一片小树林时，黄巢突然发现一棵树上有个黑色的影子在晃动，他立刻吩咐部下停下来，然后对弟弟黄钦说："我们过去瞧瞧！"

兄弟二人小心翼翼地来到树边，一抬头，才看清树上吊着一个人。黄巢赶紧将那人放了下来，伸手摸了摸他的鼻息，喜出望外地说："还有救！他还有一丝热气。"

于是兄弟俩一个压着那人的肚子，一个则拉扯他的手臂，给他做人工呼吸。过了一会儿，那人终于醒了过来。

正义占上风的地方，自由一定盛行。——詹·蒙哥马利

黄巢见他慢慢地睁开了眼睛，便急切地问道：“大哥，有什么事想不开啊？没必要寻短见嘛。”

那人一听这话，不由得心里一酸，眼泪止不住地往下流。他望着两位救命恩人，断断续续地把他家的悲惨遭遇哭诉给他们听。

原来，他叫王老二，一家人原本过着清贫安稳的日子，不料天有不测风云，一场狂风暴雨掀翻了他家的房子，他的父母被活活压死，妻子也被压得残废了。为了埋葬父母、给妻子治病，他不得已向同村的胡财主借了一百两银子，结果年底还不起债，胡财主便抢走了他的女儿做抵押。他的妻子气得跳河自杀，他去向财主要女儿，反而遭到一顿毒打。他觉得活在这个世上已毫无希望，于是想上吊自杀。

黄巢听罢，气得脸色发青，但他还是强压怒火，叫弟弟黄钦解下马背上的钱袋，拿出一百两银子交给王老二，说：“拿着这一百两银子先去把你女儿赎出来，日后我们再找胡财主算账！”说罢，他又脱下夹袍披在冻得发抖的王老二身上。

王老二感动得再一次流下了热泪，他跪在地上说：“真没想到世上还有你们这样的好人。请你们留下姓名，今生今世我一定要报答你们的救命之恩！”

黄巢说：“大家都是受苦受难的弟兄，互相救助是应该的。我叫黄巢，他是我弟弟黄钦，就让我们交个朋友吧！”

那人紧紧地握住黄巢兄弟俩的手，深情地说：“好兄弟，来日再见！”然后才一步三回头地离去。

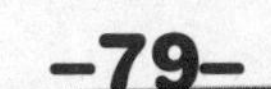

看着王老二离去的背影，黄巢百感交集，他叹了一口气，对弟弟说：“这世道太不公平了，穷人受苦受累不说，还一辈子抬不起头来，任人宰割。”

黄钦想了想，说：“我们救了王老二，算做了一件好事，但像王老二这样苦命的人不知还有多少啊！”

这时，天空下起了小雪，黄巢拼命地挥打着飘下来的雪花，愤怒地喊道：“我要闹他个天翻地覆！天翻地覆！”声音回荡在山林之中，经久不息。

不久后，黄巢率领人马杀了胡财主，将他的财产分给了当地的老百姓，就这样开始了轰轰烈烈的起义。黄巢在战场上纵横驰骋，令官兵闻风丧胆，成为了赫赫有名的起义军领袖。

《资治通鉴》

本篇成语解释：

1.【小心翼翼】原形容恭敬严肃的样子。后来形容举动十分谨慎，一点儿都不敢疏忽。

2.【天有不测风云】比喻人常会遇到料想不到的灾祸。

3.【闻风丧胆】听到一些风声就吓破了胆。形容极端害怕。

怒杀恶仆

张泳，字复之，濮州鄄城人。生于后晋开运三年，宋初中进士，被任命为大理评事，曾任礼部尚书等职。

在战士心中的天平上，国家利益永远重于个人利益。

有一年，张泳到长安游玩，住在一家小客店。他每天都要外出和朋友们聚会，晚上才回来。

一天深夜，张泳参加完朋友们举行的宴会回来，感觉很疲倦，就往床上一躺，准备痛痛快快地睡一觉。正当他快要入眠的时候，隔壁房间忽然传来一阵阵哭泣声，把他给惹恼了。他生气地爬起来，走过去敲开隔壁房间的门，却发现是一个中年男子在哭，于是便问道："堂堂男子汉，三更半夜在这里哭什么？"

这人抬头看了张泳一眼，犹豫了一会儿，便把原因告诉了他："我是这里一个管仓库的小官，悔不该平时贪小便宜，经常私自挪用仓库的钱财，结果被我家的一个奴仆发现了。他起了歹心，威胁我把女儿嫁给他，否则他就要告发我。"

听到这儿，张泳立即插话说："那你就让他告发呗，谁叫你平时不注意自己的行为？也就不怕他强娶你女儿了。"

这人很为难地说："他要是真去告发我，我就会被打入大牢，而他就可以毫无顾忌地来霸占我女儿了。"

张泳心想：这人做官不廉洁，固然是咎由自取，但那可恶的奴仆也不应该乘人之危。现在看这人痛心疾首的样子，似乎已经认识到自己的过错，就姑且拉他一把，帮他躲过这场劫难吧！于是，他不动声色地安慰这人说："你放心睡吧，明天我替你想想办法。说罢，便又回到自己房间去了。

第二天清晨，张泳骑着马在这人的指点下找到了那个奴仆，发现他正兴高采烈地跟几个人聊着天，一副得意洋洋的样子。张泳走上前去对他说："我已经跟你的主人讲好了，让你陪我到他亲戚家走一趟。"

这奴仆有些不愿意，张泳便骂道："办这点儿小事都不乐意，你还想娶人家女儿？"说完，抓起他的手臂就往外拖。在场的人看到张泳一副威严的样子，都不敢吱声。

把奴仆带出城后，张泳叫他在前面牵马，他自己则骑在马上呼来喝去、又唱又笑，把奴仆折腾得又气又恼。

不久后，他俩就曲曲折折地走到了一处悬崖上。张泳跳下马，走到悬崖边看了看，然后回头冷笑着对奴仆说："你知道你犯了什么罪吗？这下面就是你的葬身之地了！"

奴仆吓得屁滚尿流，想拔腿逃跑。张泳抢前一步，揪住他的衣领，像提小鸡似的把他拖到悬崖边，然后飞起一脚把他踢了下去。

奴仆的惨叫声在山涧回荡了许久。张泳坐在石头上听了一阵，见没了动静，这才骑上马大摇大摆地回了客店。他找到邻房的客人说："那个奴仆是不会再来找你了。你赶快把你平时挪用的财物交上去，主动认罪，或许还能求得宽大处理。"

几天后，这人在张泳的催促下，向官府

自首，并上交了赃物。官府念他侵占的财物不多，又肯及时悔过，只是罢了他的官，后来他就带着女儿回老家种田去了。

《湘山野录》

本篇成语解释：

1.【咎由自取】遭受责备、惩处或祸害是自己造成的。

2.【痛心疾首】形容痛恨到了极点。

3.【兴高采烈】形容人的兴趣高，情绪饱满。也形容呈现出的欢乐气氛。

处事之前，先问问心中的那杆称，不要因为一时的冲动，而破坏了自己的原则。

挟叔疏财

平日若无真义气，临事休说生死交。——施耐庵

柳开，原名肩愈，字绍先，北宋大名（今属河北）人，自幼习武练剑，后中进士，做过知府。

六月的一天，暑气炎炎。树叶纹丝不动，知了声嘶力竭地叫着，屋内更是像蒸笼一样，即使把门窗全部敞开，也难以在里边待上片刻。柳开在家里翻完了几卷书，觉得十分烦闷。一阵热风吹来，他觉得有些困倦，便放下书，往街上走去。

街上人来人往，非常热闹，酒店前高高悬挂着的旗帜在风中摇曳飘荡，顿时引得柳开酒兴大发。他闯进一家店内，敲着桌子，大叫一声："老板，来一壶陈酿！"

店老板一看是赫赫有名的柳开，便笑嘻嘻地说："柳公子，别急，就来啦！"说罢捧上一大壶酒，随即还端上几盘菜。柳开便一个人埋头豪饮起来。

几碗酒下肚，便觉得热血沸腾，浑身上下说不出的舒坦，他这才抬起头来悠然自得地四下张望。只见邻桌坐了个书生打扮的年轻人，风尘仆仆，像是远道而来，而且他神色憔悴，满脸愁苦。

柳开心想，这人肯定是遇上了不幸的事。他本来就是一个爱管闲事的人，见这人一副凄惨的模样，觉得十分可怜，便凑上去问道："这位兄台想必是心里有不愉快的事情，可不可以跟我说说？"

这人看柳开一副豪放洒脱的样子，便对他说："我家住在京城开封，不料今年父母都去世了，家里一贫如洗，连安葬他们的钱都没有，本想跑到这儿来向亲戚借钱，结果一分钱都没借到。"说完，又连声叹气。

柳开拍了一下自己的胸脯，问道："需要多少钱？找我好了！"

书生忙说："二十万钱就足够了。"

柳开霍地站起来，拉着书生的手说："你明天到这里来等我，我把钱送来。"说罢，扭头就走。

柳开家确实是当地数一数二的大富户，只不过钱财都由他的叔父掌管。他的叔父是一个吝啬透顶的守财奴，决不肯周济别人一分钱。柳开管他要钱，结果他被冷冷地拒绝了，还骂柳开多管闲事。

于是，这天夜里，柳开偷偷地摸进叔父的厢房点了把火，吓得他叔父屎尿横流，幸好来了一大伙人帮着扑救，他家的房子才没有被烧掉。他叔父知道是他干的，心想，柳开这人天不怕地不怕，可千万别再干出什么不要命的勾当。于是他只好把柳开叫来，很不情愿地说："你到底需要多少钱？"

柳开一本正经地说："二十万钱。我这可是仗义救人啊！"

叔父拿来一个钱袋，冷冷地塞到他手中，说："二十万没有，给你十五万！"

柳开知道叔父小气惯了，再纠缠也没有用，便接了钱回到自己房里，他翻箱倒柜，东寻西找，终于凑齐了二十万钱。

第二天，柳开跑到那家酒店，找到那个书生，把钱袋交给了他，并嘱咐道："小兄弟，收下这些钱，好好安葬你父母。记住，日后要是过好日子，不要忘了救济穷人！"

书生感动得热泪盈眶，接了钱跪在柳开面前说："今后无论是当官还是发财，我都要像大人您一样，为有困难的人慷慨解囊。"

《宋史·柳开传》

本篇成语解释：

1.【声嘶力竭】竭：尽。嗓子喊哑，力气用尽。形容竭力地叫嚷呼号。

2.【悠然自得】形容态度从容，心情舒适。

3.【一贫如洗】穷得一无所有。

4.【一本正经】庄重严肃。有时带有讽刺意味。

慷慨之人，懂得助人的乐趣，亦是一种精神的粮食。

挥泪出征

杨业(？——公元986年)，本名重贵，又名继业，北宋麟州新秦(今陕西神木北)人。作战神勇，力气过人，忠贞爱国，誓死不降。官至代州(今山西代县)刺史。

在中国历史上，北方的契丹族曾在公元916年建立契丹国，后改为辽国。辽国与宋朝长期处于对峙状态。

公元980年，辽国出动十万大军，前来侵犯雁门关。雁门关历来是宋朝疆域北面的重要门户，一旦失守，代州将凶多吉少。

当时镇守代州的将领是智勇双全的杨业，他熟悉与契丹作战的战略战术，屡立战功，赢得了“杨无敌”的称号。可是主将潘美却十分妒忌杨业，他经常上奏宋太宗，说杨业的坏话。这时候宋太宗正要依靠杨业，便不理睬这些诬告，还把奏章封好，派人送给杨业，表示对他的信任。

两年后，宋太宗想收复燕云十六州，于是派出三路大军北上，去攻打辽国。杨业被安排在西路军中，作为主将潘美的助手。

三路大军分头出击，旗开得胜，潘美、杨业率领的西路军收复了大片国土。但不久后东路军却因孤军深入而被打败，寰州、应州两地很快失守，云州、朔州也十分危急。

杨业对潘美说：“我们可以假装进攻应州，

把辽军的主力吸引过来，让云、朔两州的军民趁机向南撤退；同时派出三千弓箭手和骑兵在中途接应。”

监军王侁是潘美的亲信，他故意反驳说：“我们有十万精兵，干吗还要怕辽军！”

杨业说：“如今敌强我弱，不避开辽国的锋芒，是要吃亏的。”

王侁不但不听，还讥笑杨业说：“将军不是号称‘杨无敌’吗，怎么见了敌人却畏缩不前？难道你另有所图？”

杨业十分气愤，说：“我决不是那种贪生怕死的小人，只是不愿让士兵们白白送死而已。监军既然怀疑我有二心，那就让我打头阵！”

潘美明知这样做不妥，但想到这可能是除掉杨业的好机会，就同意了。

杨业整顿好队伍准备出发，临行前，他热泪盈眶，并对潘美说：“这一仗注定是要失败的。我原想等待时机为国杀敌，如今只好先去送死。只请主帅能在陈家峪埋伏好步兵和弓箭手，等我退到那里时，你们带兵应援，两面夹攻，或许还能转败为胜。”

果然不出杨业所料，宋军遭到大量辽军的伏击，尽管他们奋勇作战，也终究不敌，最后只剩下一百多位将士了。杨业带领他们退到陈家峪，满心指望得到潘美的接应，谁知潘美、王侁早已撤走伏兵。杨业见谷中空荡无人，忍不住失声痛哭，他对部下说：“你们都有父母妻儿，不必跟我去死，赶快突围

出去，也好让朝廷知道我们的情况。”

他的部下深受感动，没有一个肯离开，结果辽军将他们全部围住。杨业站出来对辽军主帅大喊：“我就是杀得你们心惊胆战的杨无敌杨业！只要你们放走我的将士，我的躯体就归你们了。”

辽军主帅答应了杨业的请求，释放了宋军将士一百多人，单把他抓到了辽军营中。辽军主帅十分佩服杨业的武功和谋略，对他说：“只要你为辽军作战，就可以做我的副统帅，怎么样？”

杨业置之一笑，说：“大宋天子对我十分信任，我怎能背信弃义，做一个叛将呢？”

杨业宁死不降，辽军主帅勃然大怒，将他关押起来。最后杨业绝食三天，壮烈殉国。

《宋史·杨业传》

本篇成语解释：

1.【凶多吉少】指事态的发展凶险多，吉利少。

2.【背信弃义】违背诺言，不讲道义。

3.【旗开得胜】战旗一展开，就打了胜仗。也比喻事情一开始就成功。

4.【转败为胜】把失败扭转为胜利。

肉体是精神居住的花园，个人意志是这个花园的园丁。意志既能使肉体变得“贫瘠”，也能使其变得“肥沃”，最终流芳百世。

义侠惩恶

道德常常能填补智慧的缺陷，而智慧却永远填补不了道德的缺陷。——但丁

贺铸（公元1052年——1125年），字方回，号庆湖遗老，又号北宋狂客，卫州（今河南卫辉）人，自称远祖本居山阴（今浙江绍兴），是唐贺知章后裔。

提起宋朝的武状元贺铸，没有人不叹服贺铸的侠胆忠肠。

贺铸家里世代习武。他长到十五六岁时，就精通十八般武艺。而且他身材魁梧，膀大腰圆，一双虎目炯炯有神，再加上他性格耿直，做事果断，又很讲义气，因此在京城里没有人不知道他的大名。

有一年，贺铸被任命为太原府的侍卫官，开始了他的仕途生涯。贺铸虽然做了官，但并不吃官场上趋炎附势、欺软怕硬那一套，仍旧是一副侠义心肠。

他的同僚有一个十分刁蛮的儿子，仗着自己家里的势力，为非作歹，府衙内有什么贵重的东西，他也经常趁没人在的时候偷偷地拿走，并且堂而皇之地把它当作自己的财物。大家都讨厌他的这种做法，但没人站出来指责。贺铸上任后，知道了这件事，便决定惩诫他。

一天，贺铸屏退左右的人，对这位同僚的儿子说："你跟我到密室去一趟，我有要紧话要跟你说。"

这个同僚的儿子却冷冷地拒绝："本少爷没时间！"

贺铸剑眉一耸，伸手搭在他肩上。这家伙挣脱不开，只得乖乖地跟着贺铸来到密室。贺铸把门一关，严厉地对他说："要想人不知，除非己莫为，你干了什么坏事，快快交待清楚，若被我查出来了，就别怪我不客气！"

这家伙骄横惯了，哪受得了这种气，于是气急败坏地嚷道："我没做过什么！"

贺铸拿过一根木杖，朝地上轻点了几下，慢条斯理地说："你昨天偷了一块玉佩，现在还带在身上，是不是？"

这家伙怔住了，愣了好一会儿后才看了看贺铸，说："你怎么知道？"

贺铸哈哈大笑："对付你这种毛头小子，还会没有办法？"

这家伙有些害怕了，忙问："你打算把我怎么样？"

贺铸回答说："按照法律，偷盗国家财物，一律革职查办。如果你能听从我的话，把东西全部交出来，我可以为你求情，争取宽大处理，不再追究。"

这家伙只好垂头丧气地说："那我就听您的吧。"说完便把自己的上衣脱掉，然后跪在地上。贺铸拿起木杖，运足力气打下去，一连打了几下，直打得那家伙伤痕累累，血迹斑斑。那家伙疼痛难忍，只得流着眼泪，不停地叩头，苦苦哀求道："大人饶命，大人饶命！"

贺铸放下木杖，严厉地警告他："你好自为之！要是还不知悔改，下次我可饶不了你！"他扶起这个家伙，又说："不要好了伤疤忘了痛，只要我贺铸在太原当官一天，你就休想干一件坏事！"

这家伙像泄了气的皮球，歪着头哭丧

着脸说:“我以后再也不干这种坏事了。明天我就把财物退还到府衙。”

事情传出去后，太原府的官员们个个都觉得十分痛快，均称赞贺铸做了一件大好事。

《宋史·贺铸传》

本篇成语解释:

1.【炯炯有神】炯炯:光亮的样子。形容眼睛发亮,表示精神充足。

2.【趋炎附势】趋:迎合;炎:热,比喻有权势的人。比喻奉承依附有权有势的人。

3.【气急败坏】上气不接下气,狼狈不堪的样子。形容非常慌张或羞恼。

4.【垂头丧气】低着脑袋,无精打采。形容失意懊丧,萎靡不振的样子。

5.【扬眉吐气】扬起眉头,吐出了胸中憋着的那口气。形容受压抑的心情得到舒展而快活如意。

一个人自我品行的表现,在于自我控制。身为一个人,就应该为自己的所作所为承担应有的责任及义务。不可仗势而犯下恶行。

漆园誓师

方腊(？——公元1121年),又名方十三,睦州青溪(今浙江淳安)人。自幼家贫,能吃苦,敢负责任。

北宋徽宗时期,朝政混乱,财政危急,徽宗不懂得管理国家,只知道吃喝玩乐。他所宠幸的宦官头目童贯更是变着法子怂恿他享乐腐败。等到他把所有的花样都玩厌了,童贯又设法找来奇花异石供他赏玩。于是,徽宗以皇家营造宫殿和花园的名义,派人到江南大肆搜刮,只要发现谁家有奇花异石,就闯进门去贴上黄纸封条,这东西就算归皇家所有了;如果花石过于高大,在装船运送回京时,他们就随便拆毁老百姓的住房,往往还乘机敲诈,甚至抢掠。

江南老百姓深受其苦,许多人家倾家荡产,卖儿卖女,四出逃难。

一天,有个名叫方腊的人召集了一批穷苦农民,在自家的漆园里商议起义反抗。四方乡邻听到风声,都纷纷拿起刀枪赶来,一时竟聚集了一千多人。方腊手持白闪闪的大刀,穿一身红色武服,显得英姿飒爽。他先表演了一段精彩的刀术,然后抱拳向大家说:“国家和家庭是一个道理,怎能让小辈们一年辛苦到头,却还吃不饱、穿不暖,而父兄们却挥霍无度呢?

小辈们稍不称父兄的心，还要遭打骂，甚至被杀害。大家说说看，这样合不合理？”

“不合理，不合理！”大伙儿齐声回答。

方腊又拿起刀指了指西边，说：“朝廷不仅浪费财物，还拿着财宝去巴结西夏国，却让老百姓挨饿受冻。大家再说说看，这样应不应该？”

“不应该，不应该！”大伙儿举起武器，齐声呐喊。如今官府的赋税日益加重，贪官污吏也借花石来敲诈勒索，还让不让我们活下去啊！方腊最后说，“我们只有起兵反抗，才能向官府讨个公道，才能伸张天地间的正义。四方的劳苦百姓一定会响应我们的，用不了多久，我们就能聚集起成千上万的人，建立我们穷人的天下！与其让朝廷活活逼死，我们不如拼死一战！”

大家情绪激昂，齐声喊道：“我们听你的！我们要与朝廷决一死战！”

方腊举起义旗后，不出十天，就聚集了十多万人，他将队伍稍加整顿后，便立刻挥师北上，攻占了江南重镇杭州。浙江、安徽、江西的许多州县都纷纷响应。起义军攻占了六部五十二县，队伍迅速扩张到上百万人。

方腊起义的消息传到了北宋京城汴京，徽宗十分惊慌，他立即派童贯率领十五万军队赶去镇压，同时被迫宣布停办花石纲。

童贯派人送信给方腊，说：“只要你交出军队，朝廷就可以封你做大官。”

人不能永存，流芳百世就是幸福。

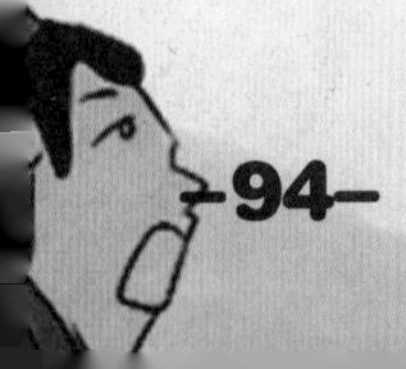

方腊看完信后，把它撕了个粉碎，他说："我和弟兄们都是穷苦百姓，我们为了正义而战斗，我怎能为了自己的荣华富贵而抛弃患难情谊！"接着，他对童贯派来的使臣说，"回去告诉童贯，叫他快快投降！"

童贯气急败坏，又从朝廷调来大批军队进行镇压。方腊坚持战斗，每次都冲锋在前，后来兵败被俘，被朝廷杀害。

方腊起义虽然失败了，但他为正义而战的精神却激励着许多仁人志士。

《青溪寇轨》

本篇成语解释：

1.【倾家荡产】倾：倒出；荡：弄光。把全部家产弄光。
2.【英姿飒爽】飒爽：豪迈矫健的样子。英俊的姿态豪迈而矫健。
3.【杀人如麻】杀死的人像乱麻一样，多得数不清。

侠义刺客

李昂，河北东部人。南宋著名游侠，曾多次参加抗金。

人活着，总得有个坚定的信仰，不光是为了自己的衣食住行，还要对社会有所贡献。——张志新

南宋初年，苗傅、刘正彦两人发动兵变。当时一位叫张浚的将军正驻守秀州，得到兵变的消息后，他决心组织军队救援宋王朝的部队。

一天晚上，左右都已就寝，只有张浚一个人仍坐在屋里挑灯读书。忽然间，一个人影显现在蜡烛后面。张浚定睛一看，只见这人身材高大，穿着一身青布衫，手持明晃晃的大刀，在灯光下更是显得杀气腾腾。他知道这人一定是刺客，便从容不迫地问道："是苗傅、刘正彦派你来杀我的吗？"

那人回答说："正是这样！"接着，他扔给张浚一把锋利的宝剑。

张浚接过宝剑，笑了笑问道："他们给了你多少两银子啊？我想知道我人头的价格。"

那人冷冰冰地说："废话少说，都说你张浚剑术超群，我今天就要和你比试比试。"

张浚也毫不示弱，大喝一声："看剑！"便挥剑向那人刺去。那人也横刀相迎。

一时间，刀光剑影，两人都施展绝技，厮杀开来。

几个回合之后，竟不分输赢。于是两人都不约而同地收起了武器，注视着对方。一会儿后，刺客抱拳对张浚说："张将军果然武艺高超，国家有救了！"

听他这么一说，张浚十分纳闷儿，问道："你不是那两个奸贼派来杀我的刺客吗？"

那刺客说："虽然我只是一介武夫，但也读过一些诗书，明白是非对错，怎能被苗、刘二贼利用呢？况且您不是贪生怕死之辈，我怎么忍心杀您呢？"

张浚又说："你不杀了我，怎么向他们交差呢？"

刺客说："我一生漂泊不定，奔走江湖，他们能去哪里找我？"

张浚心里十分感激，也很欣赏这位侠士，便问道："你闯荡江湖，需不需要些钱财？我可以资助你一些。"

刺客笑了笑又说："杀了您，我就可以拿到五千两银子，还愁没钱花吗？"

张浚又问："你武功非凡，可以留下来跟我做事吗？这样我们就可以共同讨伐苗、刘二贼了。"

刺客答道："我有老母隐居在河北，需要照顾，所以我不能留下。我今天特地来告诉你，苗、刘二贼还会派人来暗害您，希望您多加小心。这也算是我为国家尽点儿力吧！"

张浚还准备问那人的姓名，却见那人将衣服整了整，便跃上屋顶。他落在瓦上时竟没有一丝响动。当时正是明月当空，只见那人飞一般走了。

过了半晌，张浚才定下神来。他发现地上留了一个布条，便赶紧奔过去拾起来，只见上面写着：冀东快刀李昂。

不久后，宋王朝平定了叛乱。张浚带人去河北寻找李昂，但找了一个多月，也不见李昂的影子，便只好作罢。

回到家中，张浚又莫名其妙地在桌子上发现了一封信，信中写道："金兵将分三路南下，张将军应该在冀州设下埋伏，攻打他们的主力！"署名也是冀东快刀李昂。

《鹤林玉露》

本篇成语解释：

1.【刀光剑影】刀的闪光，剑的投影。形容激烈斗争的场面或杀气腾腾的气势。

2.【贪生怕死】贪：贪恋，舍不得。贪恋生存，害怕死亡。

真正有道义的人，必然具备真的胆识。不仅有胆量更有远见和见识。快刀李昂当之无愧。

视死如归

完颜陈和尚(公元1192年——1232年),名彝,字良佐,女真族,丰州(今内蒙古呼和浩特东)人。金末将领,是金肃王的王族后代,参加金军,极力抗击蒙古。

提起完颜陈和尚,没有谁不赞叹他那舍生取义的精神。

有一次,担任忠孝军头目的陈和尚,对他的上司蒲阿不顾部下死活的做法十分不满,他对一位同僚说:“蒲阿身为大将军,却只会做一些抢掠的小事。今天抢得牲口三百头,明天掠得牛羊一千匹,他就满足了。”

这位同僚回答说:“现在军队需要这些东西,他这样做也是对的。”

陈和尚生气地说:“这样做会把士兵拖得精疲力竭,累死成千上万的人。国家的军队,有一天也必定会被他毁坏!”

没想到这话传到了蒲阿那里,他对陈和尚大为不满,想借机除掉他。于是蒲阿大摆酒席,和各位将领一同宴饮。趁各位大将喝得有些醉意时,他端上一杯酒,走到陈和尚跟前问道:“你议论过我,说我把国家的军队败坏了,真有这回事吗?”

陈和尚接过酒杯一饮而尽，不动声色，只是慢慢地说了一个“有”字。声调不高，却很有力量。

蒲阿见他毫无惧色，不好发作。转念一想自己确实有错，便更佩服陈和尚的沉着勇敢，只好说：“我有错，你当面讲，别在背后乱说！”

陈和尚也自知有错，就说：“我确实不应该说大将军的不是，但我请求下次作战时，让我当先锋。我将拼死力战，以赎回自己的罪过。”

不久后，陈和尚率军驻守钧州，作为抵抗蒙古兵的先头部队。他身先士卒，在他的指挥下，军队像狂风暴雨一样快捷勇猛。无奈寡不敌众，眼看着身边的士兵逐渐减少，他心里知道大势已去，不可挽回了。他稍一定神，便只身朝蒙古兵走去，并对他们说：“我是金国大将，想见你们的主帅！”

蒙古兵带他来到主帅跟前。主帅问陈和尚姓名，陈和尚义正辞严地说：“我是金国忠孝军头目陈和尚，曾经用四百骑兵大胜你们八千大军。今天虽说是大势已去，但我警告你们，不要随意杀戮我们金国的百姓。至于我，即使马上死去也没有什么可惜的。”

蒙古主帅知道他是一个勇猛善战的勇士，便想笼络他，说：“你们的主帅蒲阿一向忌恨你，还想杀害你，你何必替他卖命！还不如跟着我们一起干，保准你能做上大将军。”

陈和尚淡淡地笑了一声，说：“蒲阿对我很好，他赏识我，即使我有过错，也信任我。我应该以死相报，怎能与盗贼为伍呢？”

蒙古主帅听了之后火冒三丈，命令士兵把陈和尚的腿斩断，并把他的嘴和耳朵撕裂。陈和尚口吐鲜血，但他还是不停

一个人的生命是有限的、短促的，如果我们要把短短的生活过程使用得更有效力，我们最好是把自己的生命看成是前人生命的延续，是现在共同生命的一部分，同时也是后人生命的开端。——华罗庚

地咒骂蒙古兵。

陈和尚勇敢刚毅的气节终于打动了蒙古主帅，他不再折磨陈和尚，而是一刀将他刺死。

这一年，陈和尚才四十一岁，但他宁死不屈的英雄气概让世人赞叹不已。

《金史》

本篇成语解释：

1.【舍生取义】为了维护正义而牺牲生命。
2.【不动声色】不从语气和表情上表现出来。形容非常镇静。
3.【义正辞严】道理正确，语言严肃。

宁愿为义而死，也不求苟全于世。此种精神可歌可颂。

舍身除奸

王著，字子明，南宋宝祐二年生于青州，性格刚毅，颇有胆识。元朝初年官至千户。

元朝建立初年，宰相阿合马十分骄横，残害忠良，老百姓对他十分痛恨。王著早就义愤填膺，决心除掉他，为国家做一件好事。

有一次，皇上带皇太子离开京城，去外地办一件要紧事，决定由阿合马留守京城。王著便和一些正直的大臣们商议，想要伺机除掉阿合马。于是他们在军队中挑选了八十多名心腹，另外还挑选了一名相貌与皇太子极为相似的人，冒充皇太子。准备妥当后，王著便手提大铜锤，装扮成一个卫兵，与几位大臣跟随假太子骑着马连夜赶到京城。

第二天拂晓，王著便派了两个人去朝廷传达命令，说："皇太子要回京城做佛事，让大家准备好斋物！"

阿合马也很有心计，觉得皇太子不可能这么快就返回京城，于是仔细盘问了这两个人，结果发现他俩说话有些不对劲，便更加怀疑。阿合马把他们两人扣留了下来，并严刑拷问，但还是没有找出什么破绽，他也就不再有顾虑。

中午，王著又亲自传话给阿合马，叫他做好迎接皇太子的准备。阿合马连忙披上官袍出来接受旨令，并问："皇太子现在在哪儿？我立刻派人去迎接。"

王著笑了笑说："大人不必太忙碌，皇太子回京城办佛事，叫我先行一步来见大人，让大人好好办理斋物。皇太子今天夜里到达，请大人在宫庭前等候，到时候有要事商量！"

二更时分，阿合马带上几个大臣，早早地赶到宫门前，毕恭毕敬地站在那儿。假皇太子大摇大摆地走来，见了阿合马就气冲冲地指责他说："皇上将朝廷大权委托给你，你却从中营私舞弊，中饱私囊，绞杀忠臣。我这次随皇上到外地体察民情，发现老百姓都非常怨恨你。皇上命令我把你抓起来审讯，以平息民众的愤怒！"

阿合马被这突如其来的话吓得直打哆嗦，赶忙跪在地上，连声求饶。假皇太子又大喝一声："将阿合马押下去！"

王著迅速上前将阿合马拖下，并从衣袖中取出大铜锤，猛击阿合马的头颅。阿合马还没来得及申辩，就丢了性命。

突然，另一位大臣觉得情况不对，急忙大喊一声："这人不是真正的皇太子，快把他抓起来！"

几个武将明白过来后，立刻冲上去把假太子杀了。有人悄悄地劝王著赶紧逃走，王著却一动也不动，坦然一笑，说："杀了阿合马，我的心愿已了，死而无憾，何况我身为大臣，却叫人冒充太子、杀死宰相，理应受罚！"

皇上回到京城后，立即对这件事进行了审理，并下令处死王著。王著走上刑场时，面色不改，临刑前还大声对前来为他送行的百姓说："阿合马掌握大权后，干尽坏事，死有余辜，我王著为天下除了一大祸害，今天就要被处死，内心却没有什么遗憾。我相信我死后一定会有人将我记入史册的！"

就是因为有了正义感，人才成为人，而不成为狼。——培根

就这样，王著慷慨就义，年仅二十九岁。

不久后，皇上对阿合马的事情进行了一番追查，发现他确实干了许多损害国家利益的事，民怨极大。这时，皇上才后悔当初不该杀死刚毅正直的王著，便给他平了反，并下诏为他树立墓碑，纪念这位为民除害、侠肝义胆的忠臣。

《元史纪事本末》（卷七）

本篇成语解释：

1.【义愤填膺】正义的愤怒充满胸中。形容满腔愤怒。

2.【营私舞弊】谋求私利，用欺骗的手段做犯法的事。

3.【死有余辜】死了也抵偿不了所犯的罪行（辜：罪）。形容罪大恶极。

雄辩阻军

柳敬亭（1587 年——约 1670 年），本姓曹，名永昌，字葵宇，原籍扬州府通州（今江苏南通）。明末清初著名评话艺术家。

在正义的事业中，弱者也能战胜强者。

一天，柳敬亭正坐在空荡荡的书房里发呆，忧虑着一天比一天糟糕的国家局势。原来，北边的清军占领了山海关外的土地，并伺机南下进攻。

这时候，猛听到门外有人在叫他：“柳先生，不好了！不好了！”

柳敬亭忙问出了什么事，这人告诉他：“左良玉将军的队伍就要到南京了，他的部下纪律松弛，抢掠惯了，恐怕我们南京百姓要遭殃了！”

听到这里，柳敬亭倏地站起来说：“我父亲对左良玉有救命之恩，他或许会念旧情听我的劝告，我一定要去亲口劝阻他。”

柳敬亭风雨兼程，走了几天几夜，来到了左良玉军营的辕门前。那守门的士兵见来了一个又丑又瘦的老头，便不让他进去。柳敬亭大怒，说：“请转告左良玉大帅，我是行走江湖的柳老头，今天是来与他共同商议国事的，请速去呈报！”

那士兵见柳敬亭说话时怒气冲天，只好进去禀报了。左良玉听说是柳敬亭来了，急忙列队欢迎。

为了试试柳敬亭的胆量，左良玉命令刀斧手持好刀枪列队两旁，而且个个都满脸杀气。柳敬亭见了忍不住暗自发笑，心想，我说书这么多年，什么场面没见过？他面不改色，大踏步地穿过队列。左良玉见状十分欣赏，大叫：“柳先生果然是个壮士！快请上座！”

柳敬亭坐下后，立即说明来意，劝左良玉严加约束士兵，不要骚扰百姓。左良玉沉吟半晌，才说：“军中缺粮，士兵日夜鼓噪，我也做不了手下的主。”

柳敬亭朗声说道：“元帅说的哪里话，自古兵随将转，哪有将领听任士兵的道理？”说着便将手中的茶杯摔在地上。

左良玉一惊。柳敬亭却笑道：“说得高兴，顺手摔了。”

左良玉生气地说：“顺手摔了？难道你的头脑做不了主？”

柳敬亭说：“脑袋要是做得了主，手就不会乱动了！”

左良玉听他这么一说，也乐了：“先生讲得有道理，只是士兵们饿急了，我才允许他们在南京弄点儿吃的。”

柳敬亭忽然按住自己的肚子，叫道：“元帅说起饿，我也觉得饿了，请开饭！”

不等左良玉答应，柳敬亭便起身往厨房里走去。

左良玉大喝一声：“站住！你竟敢如此无礼，乱闯我的厨房！”

柳敬亭笑道：“元帅也知道纵使饿急了也不能随便乱来么？”

左良玉大笑：“原来先生在

讽劝我。好一个能说会道的义士！我早就听说了先生的大名，今日算是真正领教了！再说你父亲又是我的救命恩人，请先生留下如何？”

柳敬亭说：“能为元帅效力，真是三生有幸，但不知士兵侵扰百姓的事情，元帅打算怎样处理？”

左良玉说：“只要先生能为我出谋划策，我现在就宣布，抢掠百姓财物的人，一律处斩！”

这件事不久后就在南京城传开了，大家都夸柳先生有胆识，为老百姓做了件大好事。

《柳敬亭传》

本篇成语解释：

1.【焦头烂额】原形容头部被火烧成重伤。后比喻境遇恶劣，做事棘手，十分窘迫难堪的情况。

2.【出谋划策】想出计谋，定出策略。

拔刀相助

甘凤池，清朝顺治末年生于南京城，自幼酷爱武术。曾为清皇室所用，后与众师兄妹一起反清。

乾隆年间的一天，河南汴梁街上熙熙攘攘，好不热闹。一位留着长须的文弱郎中牵着一匹高大的骏马走在路上。这时一个虎背熊腰、满脸凶气的大汉跑过去对他说："喂，你有马不骑，岂不浪费？"

郎中怯生生地说："这是我东家的马，我不敢骑。"

大汉却恶狠狠地说："这匹马不错，借你胡大爷玩玩，怎样？"

郎中和气地说："这匹马凶悍，爱踢人，请您不要靠近它。"

这个姓胡的无赖听了很不高兴，硬是把缰绳抢了过去，牵着马就走，还故意气郎中说："叫你东家来我胡大爷这儿领马。"

果真，这匹马野得很，把胡某的腿给踢伤了。胡某气急败坏，带了一帮徒弟来到郎中家，要郎中出钱为他治伤。

郎中见拗不过他们，想息事宁人，便把自己熬制的药给胡某敷上，并打发他们一些银两。

几天后，胡某的腿伤好了，便又带上一帮徒弟，来到郎中家惹事生非。他们找到那匹马，又是踢，又是砍，直到把它弄死，才觉得解了心头之恨，大笑起来。

就在这时，一位身材不高，却虎虎生威的壮年男子走了进来。他见郎中家围了许多人，很是纳闷儿，便问："我想来取点儿药，没想到来了这么多人，发生什么事了吗？"

郎中便把事情的来龙去脉都告诉了这位男子。这人一听，顿时怒目圆睁，对胡某说："在下甘凤池，路见不平，想替人讨个公道。"

胡某久闻甘凤池的大名，也想和他比试一下武功，便说："闲话少说，有本事就跟我过几招！"说罢，自恃腿上功夫过人，朝着甘凤池的身上就是一脚，想一下把甘凤池踢倒在地，谁知"砰"的一声，摔倒的却是他自己。

胡某的徒弟见师父吃了亏，一个个拿着刀剑朝甘凤池砍杀过来。甘凤池一个顺手牵羊，把走在最前面那人的刀抢了过来，和这帮歹徒真刀真枪地拼杀起来。没多久，歹徒们都只能趴在地上，抚着伤口唉声叹气了。而甘凤池依旧稳如泰山地站着，毫发无损。

甘凤池走到胡某面前，揉了一下他的伤口，胡某口中一个劲儿地喊痛。甘凤池严肃地对他说："你现在身受重伤，但并不致命。我给你一些药，你好好休息两个月，便会好的。良药虽然苦口，但却有利于治病，希望你吸取这次教训。"

胡某和徒弟们连忙跪在地上说："多亏甘大侠手下留情，不然我们的人头早已落地。您就收我们几个做徒弟吧！"

甘凤池说："你们这些人，会几招花拳绣腿，就横行霸道。我怎么能教你们功夫呢？还是好好修养自己的品行吧！"

《清圣祖实录》

本篇成语解释：

1.【熙熙攘攘】形容人来人往，非常热闹。

2.【虎背熊腰】形容身体魁梧健壮。

3.【息事宁人】原意是不制造事端、扰害百姓。后来专指调解纠纷，把事情平息下去，使人们相安无事。

4.【惹事生非】招惹是非，引起争端或灾祸。

5.【气急败坏】上气不接下气，失去常态。形容因恐慌或羞恼而狼狈不堪的样子。

挺身而出

张兴德，清代乾嘉时期安徽宿州人，因擅用双刀，故有“双刀张”之誉。

清代乾隆、嘉庆年间，有一位武艺高超的人，名叫张兴德，世人管他叫“双刀张”。俗话说“艺高人胆大”，双刀张凭着一身好武艺，做了许多为老百姓所称道的事。

有一天深夜，双刀张睡得正香，突然，外面传来一阵哭喊声，把他给吵醒了。他连忙从床上爬起来，走近窗口往外一看，发现邻居家的木楼火光冲天。他暗叫一声“糟了”，连鞋也顾不得穿，就迅速往外冲去。

跑到邻居家，只见他们正围成一团伤心地哭着。他呵斥道：“这时候还哭什么？快去把东西抢出来呀！”说罢，便奋不顾身地冲进熊熊大火之中。在双刀张的鼓舞下，大家也都勇敢地冲进火海。经过一番抢救，邻居家值钱的物品大都从火中救了出来。可是一点人数，发现少了一个人。这时，楼里又传来一阵“救命”的声音。原来有人在里面被大火围住了，逃

不出去。双刀张眉头一皱，一声不吭地再次冲进火海。这时火势更猛了，眼看整个小楼就要倒塌了。大家都惊恐地喊道："双刀张，千万要小心！"

双刀张哪顾得上这么多。他在火中寻找着，找了一阵后，才抓到那人，便将他紧紧地夹在腋下，从窗口跳了出来。两人刚从火海中脱险，小楼随即轰然倒塌。大家都为双刀张捏了一把冷汗。那人得救了，双刀张的头发、眉毛却被烧光了，身上也被烧伤了好几处，养了一个多月才痊愈。

我宁愿靠自己的力量，打开我的前途，而不愿求有力者的垂青。——雨果

不久后，又发生了一件更让人惊心动魄的事情。

双刀张所住的宿州城外有一座山，山上生长着稠密的灌木丛，四季常青，十分美丽。但多年来没人敢走进这座山，因为里面有许多凶恶的野狼，经常有人被狼叼走。双刀张养好伤后，就对当地人说："我非把这些野狼杀绝不可！"

有人劝他说："你伤刚好，就不要逞这个能了，还是保重性命为好！"

双刀张握紧拳头，咬牙切齿地说："连狼都杀不了，还算什么好汉！"于是，他带上两把刀，只身一人上山打狼去了。

一天过去了，两天过去了，人们迟迟不见双刀张的踪影，都担心他被狼吃掉了，心里很是不安。

第三天，还是没有双刀张的消息，大家忍不住悲伤地哭起来，都说："可惜，可惜！多好的一位侠士，就这样被狼给吞掉了。"

谁知到了傍晚，双刀张却出现在村头，他肩上扛着九张狼皮，兴高采烈地回来了。见许多人都惊奇地看着自己，他十分纳闷儿。忽然，他笑了起来，说："原来你们都以为我被狼吃了！

哪有这回事，我倒是吃了许多狼肉！”

听他这么一说，大家都欢呼起来，掌声也雷鸣般地响了起来。几个青年人把双刀张高高地举起来，向他表示祝贺。

从此，山上再也没有狼群出现了，进山的人也渐渐地多了起来，双刀张的大名也随之远扬。方圆几百里，人们都知道双刀张是个武艺高强、胆大过人的壮士。

《绎史》

本篇成语解释：

1.【奋不顾身】奋勇直前，不顾个人安危。

2.【咬牙切齿】形容痛恨到极点的样子。

智诛知府

董海川，又名继德，直隶顺天府文安县朱家坞人，生于清代嘉庆年间，创编了八卦掌，有“八卦奇侠“之誉。董海川凭借自己高超的武技，闯荡江湖，一生走遍大江南北，留下了许多惩恶扬善的动人故事。

一天下午，太阳快要落山的时候，董海川背着包袱，一个人来到了苏州城外的寒山寺。他正准备走进寺庙，却看到寺门外停放着一座花轿，还有许多衙门的差役守着寺门。董海川觉得十分纳闷儿，这寺院里哪儿来的花轿？嗯，肯定有什么事情发生了。于是他走过去想打听个究竟。

原来，新上任的苏州知府瑞华是个好色之徒，他在外面游山玩水时看到了一位村姑。这村姑长得清雅明艳，风姿绰约，光彩照人。瑞华当时就痴痴呆呆地盯了半晌，口水都要滴落到攥在胸前的拳头上了。他决定纳这姑娘做妾，谁知这姑娘已有了心上人。她和一位秀才青梅竹马，情投意合。瑞华趁那秀才到京城赶考时，带上一帮差役来抢亲，还把那姑娘的母亲给踢死了。姑娘只好跑到寒山寺来躲避，差役们却又尾随她跟了过来。

董海川知道事情真相后心中大怒，恨不得把瑞华捏成肉饼。他皱了下眉头，想出了一条妙计。

他把自己装扮成一个烧香拜佛的人，混进了寒山寺，并在大殿后找到了正在哭泣的姑娘。只见一个婆娘正在旁边劝解，花言巧语地想让姑娘屈从，海川冲上前去，抽出大刀横在这婆娘的颈上，说："不要出声，按我说的去做！"

这婆娘被突如其来的人吓慌了神，急忙跪在地上哀求："请壮士饶命，我也是受瑞华指使，迫不得已呀！"

海川从怀里掏出一些银两给了这婆娘，余下的则交给姑娘，对她说："我走后，你马上到外地逃生去吧！"

姑娘听了，感动得眼泪直流，跪下说："多谢恩公！"

海川换上一套艳丽的女装，遮了盖头，叫那婆娘领着，装出袅袅婷婷的样子，走出了寒山寺，又故意扭扭捏捏地上了花轿。差役们急忙抬起轿子，径直奔向苏州府衙。

瑞华听说姑娘已被接了过来，高兴得手舞足蹈，忙吩咐丫环领了新娘进房歇息。天黑的时候，瑞华喝得醉醺醺的，他推门进了房间，然后急切地把盖头掀掉，定睛一看，却发现新娘是个浓眉大眼的壮汉。还不等他站稳，海川便以迅雷不及掩耳之势，一个猛虎掏心击中瑞华的胸脯。这八卦掌功力非凡，只听瑞华"哎哟"惨叫一声，就断了气。

海川连忙脱了女装，趁着月色，翻越院墙逃走了。

苏州知府瑞华被杀后，一时间震惊了朝野上下。人们都以为是那姑娘干的，夸她身手不凡。董海川离开苏州后，就到

人，在最完美的时候是动物中的佼佼者，但是，当他与法律和正义隔绝以后，他便是动物中最坏的东西。他在动物中就是最不神圣的，最野蛮的。——亚里士多德

了河南开封，碰巧又遇上了被救的姑娘。这时姑娘已经和中了状元的心上人完了婚，这状元被任命为开封知府。

见了恩公，小两口自然是感恩不尽，设宴盛情款待。海川留在开封当了半年的开封府护卫总管，他多次擒拿盗贼，平反冤案，在老百姓中威望很高，河南人都尊称他为“董公”。

《清史稿》

本篇成语解释：

1.【花言巧语】原指一味铺张修饰而无实际内容的言语或文辞，后多指虚伪而好听的话。

2.【袅袅婷婷】形容女子走路体态轻盈。

3.【迅雷不及掩耳】突然响起的雷声使人来不及捂住耳朵。比喻来势迅猛，使人来不及防备。

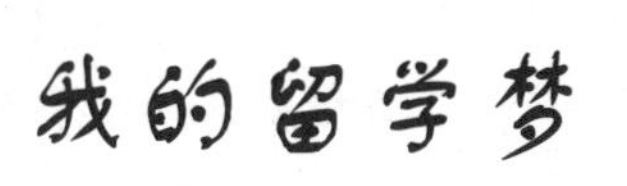

我的留学梦

丁卉

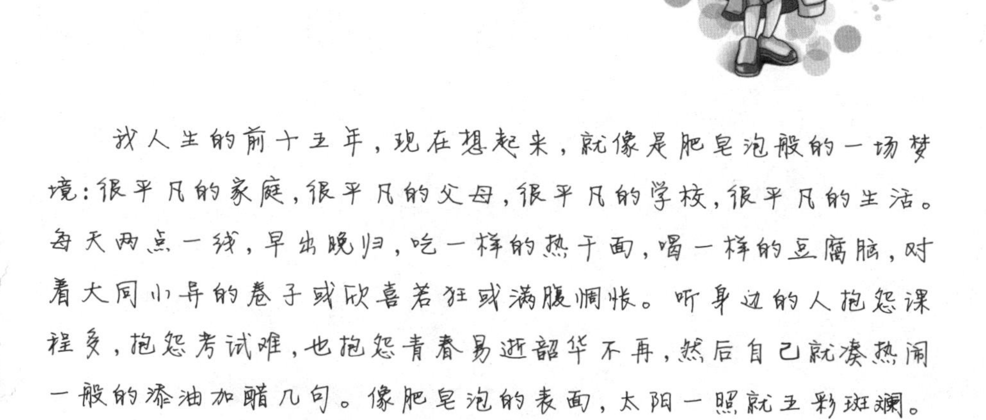

我人生的前十五年，现在想起来，就像是肥皂泡般的一场梦境：很平凡的家庭，很平凡的父母，很平凡的学校，很平凡的生活。每天两点一线，早出晚归，吃一样的热干面，喝一样的豆腐脑，对着大同小异的卷子或欣喜若狂或满腹惆怅。听身边的人抱怨课程多，抱怨考试难，也抱怨青春易逝韶华不再，然后自己就凑热闹一般的添油加醋几句。像肥皂泡的表面，太阳一照就五彩斑斓。平凡，但美好而温暖。

考上莱佛士的时候，我犹豫了很久。我认真地问自己：丁卉，这辈子你到底想要什么？是荣耀功绩还是温暖幸福？你到底想做一个不惜一切代价改变世界的人，还是你只在乎那些深爱你陪伴你的存在？我知道我不是在逃避，不是在为自己的怯懦找理由，我只是想知道，我到底想要什么？我只是不想，在多年以后，觉得这一切的牺牲都不值得。

于是那晚我告诉父母：我不想去。

第二天，父亲没有去上班。在饭桌上，他给我讲了一个我从小就熟知的故事——花木兰从军。

南北朝时期，天下大乱，战争连年不断，人民生活很不安定，常常隔不了多久就得搬一次家。花木兰巾帼不让须眉，虽为女儿身却有男儿志。她离家万里，代父从军立下赫赫战功……

不知为何，在父亲和缓的声音中，再听这个听了千百次的故事，我的眼泪无法抑制地掉下来，打湿了身前的《小窗幽记》。

末了，父亲说：我们都容易被眼前的景象所蒙蔽，因为我们都害怕失去，都害怕回来的时候物是人非，所以都不敢跨越不敢尝试，都喜欢作茧自缚。但是你看，花木兰不怕。她离开家的时候，大概与你同龄。她跨关山越黄河，她也许犹豫过，但从来没有放弃。那是她骨子里的一种气节。爸爸知道你是和她一样刚烈，一样有抱负的女子。你觉得你认识的自己其实并不是真正的你。爸爸知道你不会甘于平庸，你也不应该在琐碎与麻木中虚度年华。爸爸不想你长大以后憎恶这样的自己，后悔曾经的决定。你的骄傲不会允许，你的自尊也不会妥协。孩子，我们每个人都只有一个人生，所以我们都应该在有限的生命中拥抱无限的宇宙。这样，我们才能算真正的不枉此生。

我认真地看着父亲的眼睛，看着这双充满了怜爱与理解、信任和支持的眼睛，看着这双经历人生四十余年的眼睛，心忽然变得很柔软，也很坚定。

爸爸，我知道了。我会去的。我说。

就这样，父亲戏剧性地用花木兰的故事改变了我的人生。

其实说起来，我与国学一直有不解之缘。四岁的时候就基本背完了唐诗三百首（当然是被逼的），上幼儿园就知道很多《春秋》、《战国》、《唐传奇》的著名故事，要么被感动得一塌糊涂，要么惊愕得不知所措。小学二年级的时候第一次读完《红楼梦》，对妙玉爱得深切，扬言要把红楼诗词全数背下。三年级的时候和同班的女生在班上组了一个诗社，旨在传播文化，实为娱乐自我，最后以成员不足而告终。四年级读白话《史记》，为李广拍案叫绝；五年级读《资治通鉴》；六年级毕业的那个暑假在看完金庸和梁羽生的武侠小说后，读完了《中华上下五千年》。

说起来，我的小学生涯其实就是把中国历史走了一遭。那个时候思想很单纯，总是想：我要是生活在古代就好了，有漂亮衣服穿，每天也不用上学。再被红楼水浒一浸濡，我就想：要是我是林黛玉，就投奔宋江去，省得在大观园受那些气！

上初中后，我脱去了单纯幼稚，开始观察和思考。很长一段时间，我最喜欢的诗人是王维。喜欢"竹喧归浣女，莲动下渔舟"的安然；喜欢"即此羡闲逸，怅然吟式微"的出尘。王维是一个哲学家，一个住在月亮上的人，袖起笔落之间，都不沾染俗世一抹尘埃。王维很接近一种安宁的常态，寂寞而完美。我总是一个人想：要是这辈子和王维在一起多好，过一种如水般安静的生活。

于是初二那一年，我写了一部短篇小说《两两相忘》，故事以王维的诗词与生活态度为第二线索。女主角对自由的渴望，也就是我（在考试压迫下）对自由的向往为主线。相比王维，陶渊明的自由就显得直白多了，因为直白所以激烈，也因为激烈，反而少了王维形而上的美。不过这些感悟，都是后话了。

初三的时候，我疯狂地爱上了苏轼。也不知道为什么，从前对苏轼的印象就停留在一个壮汉屹立赤壁悲吟大浪淘沙之上。我不知道他的朝云，他的放逐，他的灵性，他的诗心。我是读了余秋雨，读了周国平，读了梁实秋以后才开始慢慢懂得，懂得他的倔强，懂得他的无奈，懂得他的柔肠百转，懂得朝云那一句："先生满肚子的不合时宜"的真正含义。懂得以后我就为苏东坡流泪了。

来到新加坡，我经历了"cultural shock"（文化地震）。其实时至今日，我还是觉得这里很多太过后现代的东西，让我无法接受。比如这里总是有很多人"want things fast and good"（追求又快又好）。但是他们不知道，有很多情绪是要慢慢酝酿的，很多经验也要慢慢积累，不能急于求成，不能贪图捷径。

我找我最喜欢的生物老师聊天，他很释然地笑着对我说："你知道，同中国相比，新加坡是一个没有历史的国家。没有历史，有文化也显得焦躁，显得苍白，显得小家子气。"

我忽然意识到很长时间以来让我感到不舒服的东西，其实是源自于这个国度一种沉淀，一种归宿，一段历史的缺失。从小到大，我在国学的浸濡下成长，习惯用很大气磅礴、纵横捭阖的眼光来看世界、看人生。我喜欢静静地思考，慢慢地感悟，像朱熹或者王国维那样，隐逸出尘也好积极入世也罢，我喜欢一种有张力的思考方式，喜欢思想源源不断地涌入脑海的感觉。我承认一直以来我都活在理想的世界里，骄傲得不需要物质的承诺、成功的保障，我是一个思想者般的存在。而在中国的历史里，有那么多人与我相同。他们或以悲壮、或以淡然的英雄方式出现，以至于我把这种生活理想当成了一种常态、一种必然，而丝毫没有意识到这其实是一种奢侈，一种只属于我们这一代中国人的奢侈。

我想很多为文言文焦头烂额的人都不会懂得，有国学是我们的荣耀，是我们的骄傲，是我们血脉里根深蒂固的一部分，它定义了我们每一个中国人。

不得不承认，现在接触中国历史和古典文学的机会少了许多。但是也因着这出国的特殊经历，因着情感的暂时封存，让我看到国学里更加精髓的部分。不再是凄凄惨惨戚戚的离情别恨，而是中国的哲学。

说到哲学，就不得不提《道德经》。老子在一种神奇的模棱两可中表达了他对宇宙的理解。一位经常来新加坡传教的著名牧师唐崇荣曾经说过，老子比孔子强。孔子说："朝闻道，夕死则已。"可见孔子不知"道"。老子说："道可道，非常道。"可见老子明白道是不可闻，不可道的，从而更接近道的本真。

在新加坡的这四年里，我发现很多中西哲学有趣的对比点。

比如孔子教导我们温良恭俭让，萨特说这些都是人性的虚假体现；比如孔子说君主应当修身，培养自身的美德；意大利的马基雅维利反对说这些都是无用功，一个统治者只要知道如何控制自己的属民即可……我发现中国的哲学家，比如墨子的兼爱非攻，比如老子的上善若水，都是很温和的哲学，不带一丝希腊罗马的激进。

我为中国人的生活态度找到了一个源头。为什么我们不愿意改变态度，不乐于创新与尝试？其实是我们缺少神秘和浪漫，缺少激情与想象，我们对真理这个东西不感兴趣，我们只想找一种最中立的方法，一种最温和的方式。这种人生态度可以叫中庸，也可以叫懦弱。所以我们一直很平稳，但我们不精彩。至少目前不够精彩。

哲学体现的是人的生活态度，而我们也都还在这样或那样的生活态度中跋涉。

这篇自叙写得如此冗长而真实，因为它大概是我成长过程中曾经感同身受的思想、情感与启发。从一个在《红楼梦》中不可自拔的小女生，长成如今这般虔诚的基督徒、这般勤勉的思想者，我相信有很多人与我相同，在寻找，在追逐。也有很多的朋友，在重复着我的道路，体会着我的感情。在思想的国度里，从来没有失败者，也没有落后者。我们都是在这个星球上行走的人，正如张悬所唱：生活生活，有快乐也有忧愁。

但我们都不是一个人。我们都是同路人。

写此文，与君共勉。